図解

苦手を〝おもしろい〟に変える！

エントロピーの世界

大人になってからもう一度受けたい授業

著者 **鈴木誠治**
河合塾講師

朝日新聞出版

はじめに

　2020年、飛行機の機内で映画を見る機会に恵まれました。クリストファー・ノーラン監督の『ＴＥＮＥＴ　テネット』（アメリカ）です。

　主人公が時間を自由に移動できるようになり、第３次世界大戦の勃発を阻止するという内容なのですが「エントロピー」や「反粒子」という物理の用語がキーワードとなっている極めて難解な内容でした。物理を知らないとつらい映画だなあ、と思っていたところ、ほどなくしてエントロピーについて、本を書きませんかとのメールが届いたのです。

　多くの理系大学生がつまずく内容を、一般の読者さんに伝えることが果たして可能なのかと躊躇しましたが、こんな混沌とした時代だからこそエントロピーを多くの人に知ってもらうべきと考えて書くことに決めました。

　エントロピーとは、ズバリ、乱雑さの度合いであり、時間とともに増大するという法則があります。この原理は自然現象に潜む普遍的な性質であり、知れば知るほどとても面白い概念です。

　エントロピーの考えかたを知ると、日常生活で起こっているあらゆる現象の見かたが変わると思います。人生が変わるといっても過言ではないでしょう。

　現代において、地球温暖化をはじめとする環境問題は避けて通れ

ない課題となっています。筆者は環境問題がエントロピー増大の法則抜きに語ることはできないと考えています。環境問題はエントロピー問題なのです。

　例えば、ペットボトルをはじめとするリサイクルは、本当に環境にとってよい行ないなのでしょうか？

　廃棄ペットボトルの圧縮、粉砕、加熱には莫大なエネルギーが必要となります。その源が、石油や石炭などであれば、二酸化炭素や排熱などの廃棄物を生み出します。こうした環境に負荷をかける事業は、高いエントロピーを排出することでもあります。リサイクルは、本来なら、環境への負荷をもっともっと減らし、低いエントロピー排出で済む方法を編み出していくほうがよいのです。

　こうした具合に、本書を読むと、エントロピーという物差しで物事の本質を見抜くことができるようになっていきます。

　読者の皆様にとって、本書が豊かな人生を送る手助けとなれば幸いです。

2021年 12月

著者

鈴木誠治

CONTENTS

大人になってからもう一度受けたい授業
エントロピーの世界

私たちと
物理の奥深さを
見ていきましょう

第5章 エントロピーを人生に生かす

COLUMN：時間は戻せるか？

第1章

エントロピーって、何？

「時間の矢」は 過去から未来に進む
──その逆が起こらないことが世界にとっての大問題

次ページの上図のように、東京と大阪が1本の直線で結ばれているとしましょう。

東京から大阪に移動したあと、大阪から東京に戻ることはできますよね？ 大阪に行ったきりで、二度と東京に戻ることができなくなってしまう、ということは起こりません。

つまり、**場所（または位置）は、左右に、いえ、それだけでなく、上下、前後にも、自由に移動できる**のです。

時間はとても不自由である

では、時間は自由に過去から未来、未来から過去へと移動できますか？ もちろん、じっとしていても、時間は過去から未来に向かって進みますが、未来から過去にさかのぼることはできませんよね。時間を自由に行き来できる方法が見つかったとしたら、それはまさしくタイムマシンです。

時間は、過去から未来にのみ、一方向に進んでいます。この事実をイギリスの天文学者アーサー・エディントン（Arthur Eddington／1882-1944）は**時間の矢**と呼びました。

では、なぜ時間の矢は過去から未来に向かってのみ進むのでしょうか？ これは物理学では未解決の問題となっていて、実は、本書のテーマであるエントロピーは、時間の矢と深いつながりがあります。

また、エントロピーという言葉は、おもに物理学（熱力学など）で登場する用語なのですが、情報の分野（情報工学など）でも使われます。本書では、このようなエントロピーの奥深さについて、いろいろな視点から解説を加えていきたいと思っています。

時間は一方向にしか進まない

[場所(位置)]

大阪　　　　　　　　　　　　　　　　東京

自由に行き来できる！

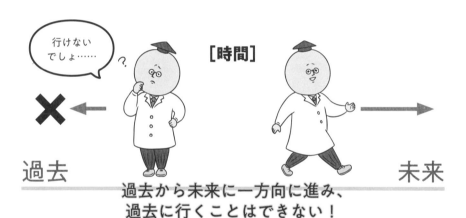

行けない
でしょ……

[時間]

過去　　　　　　　　　　　　　　　　未来

過去から未来に一方向に進み、
過去に行くことはできない！

つまり、時間は矢のようなもの……

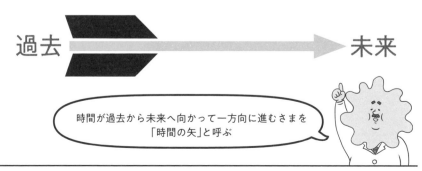

過去　　　　　　　　　　　　　　未来

時間が過去から未来へ向かって一方向に進むさまを
「時間の矢」と呼ぶ

9

ビデオの逆再生で
エントロピーを知る

——割れたコップがもとには戻らないのは物理の法則

多くの物理法則は、時間を逆に進ませても矛盾がありません。

例えば、右ページ上図のように、ボールを上に投げ上げる運動をビデオカメラで録画したのち、逆再生で見てみます。つまり、時間を逆に進ませるのです。

ボールが投げ上げられ、もとの高さに戻る過程を逆再生して見ても、同じようにボールが上がり、もとの高さに戻る過程が見えますよね。この場合、**時間を逆に進ませても違和感がなく、物理法則が成立している**ことがわかります。

ところが、下図のように、コップを鉄板の上に落下させてバラバラに割ってしまった場合、この現象を逆再生すると、どうなるでしょうか？

鉄板に広がるコップの破片が集まって、それがコップになり、上に向かって跳び上がる映像になりますよね。これは、物理法則の観点から考えて、明らかに矛盾する現象といえます。

違和感の正体は「エントロピー増大の法則」

なぜ、ボールの投げ上げは時間反転で矛盾が起こらないのに、コップの破壊は矛盾が起こるのでしょうか？

ここで、本書のテーマである**エントロピー**が登場します。**エントロピーとは、一言でいうと乱雑さの度合い**です。コップはエントロピーが小さい状態で、バラバラの破片はエントロピーが大きい状態なのです。

物理の世界では、エントロピーは時間とともに増大するという重要な法則があります。**バラバラの破片がコップになるのは、エントロピー増大の法則に反しているので矛盾している**わけです。

あり得る逆再生とあり得ない逆再生

投げ上げられたボール

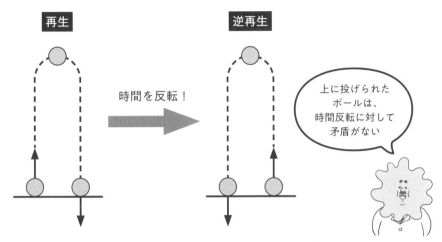

時間を反転させても（逆に進ませても）違和感はない。

落として割れたコップ

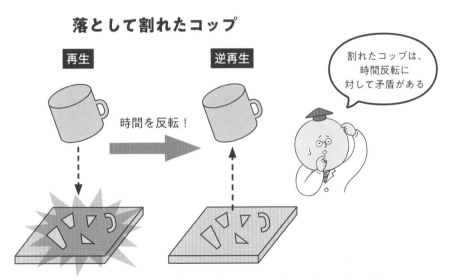

時間を反転させる（逆に進ませる）と違和感がある。

部屋は時間とともに
散らかっていく
——散らかった部屋を片づけたらエントロピーは減少する？

　前項で、乱雑さの度合いを表すエントロピーは、時間とともに増大するといいました。これは日常生活でも見ることができます。例えば、どんどん散らかっていく部屋です。

　筆者の例ですが、どんなに本をきちんと並べて、机の片づけを心がけて、掃除を習慣づけていたとしても、本を取り出して読んだあと、もとの場所に戻さないことがありますし、筆記具をペン立てから取り出して机の上に置いておく……などということもあります。2〜3日もすれば、机の上は置き場所がなくなるほど物が散乱し、床にはゴミが散らかります。これが**自然と片づいてくれると嬉しいのですが、悲しいかな、そういうことは絶対に起こりません**。ここからも、エントロピーは時間とともに増大することがわかります。

部屋の片づけをした人の体温は上がる

　さて、散らかった部屋をそのまま放っておくわけにもいかないので、しかたなく片づけます。散らかって汚い状態から、きれいな状態に戻すと、エントロピーは減少します。これは、部屋の状態だけに注目すると、エントロピー増大の法則に反しているように思えます。しかし、**物理の世界では、「片づけた人間」も含めた現象として考える必要があります**。

　部屋を片づける運動をすると体温が上昇します。実は、ここでもエントロピーは増大しています。

　では、体温の上昇がなぜエントロピーの増大なのでしょうか。それを知るためには、原子や分子のレベルまで小さな視点から、温度とは何かについて知っていく必要があります。次項以降から考えていきましょう。

もとに戻ったように見えてエントロピーは増大

きれいな部屋

エントロピー
小さい

片づけるために
体を動かすと
汗もかくし、
体温が上がる

エントロピー

時間が経つと
増大する

片づけても
減少ではない

部屋と人間の
エントロピーの
合計を考えると結局
増えるんじゃ

散らかった部屋

エントロピー
大きい

カップのなかに存在する
エントロピー
——コーヒーにミルクを入れるとどうなる？

コーヒーをかき混ぜ、そこにミルクを垂らすとどうなりますか？　ミルクは1か所にとどまることなく、時間とともにコーヒー全体に広がり、やがてミルクコーヒーができるでしょう。

この現象は、部屋が散らかるのと同様に、エントロピーが時間とともに増大している現象であるといえます。**エントロピーが増大する方向と、過去から未来に向かう時間の矢の方向が一致している**のです。

分子が勝手気ままな方向に飛び回る

では、なぜ、エントロピーは増大していく方向性があるのでしょうか？ この問題をミクロの世界に入って考えていきましょう。

ミルクという物質をどんどん拡大していくと、ミルクを構成する分子が見えてきます。ミルク分子の個数は膨大な数に及びます。コップ1杯程度の体積であれば、だいたい1億×1億×1億個ものミルク分子があります。

それぞれの分子は、じっとしているわけではありません。**それぞれの分子がめちゃくちゃな方向に飛び回っている**のです。この分子の運動を**熱運動**といいます。熱運動は、ふだんから私たちの目の前に存在します。それは空気の気体分子です。空気は窒素、酸素、二酸化炭素などからなり、それぞれの分子が勝手気ままな方向に飛び回って熱運動をしています。

では、熱運動で1つ1つの分子が飛び回っている場合、エントロピーが増大する方向に分子が動くのでしょうか？

答えは、「その通り」なのですが、これを理解していくためには、**確率**で考える必要が出てきます。このことを次項から考えていきましょう。

ミルク分子が存在することを想像してみる

コーヒーにミルクを垂らすと……

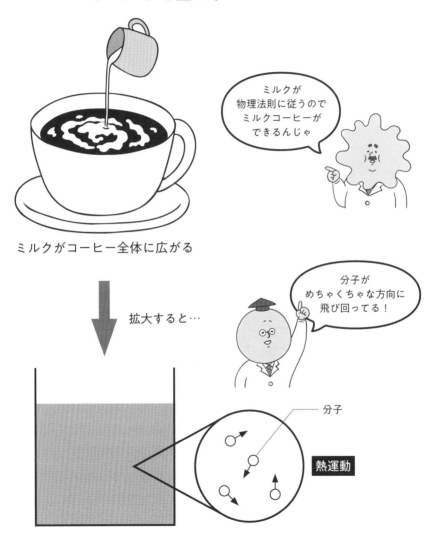

ミルクが物理法則に従うのでミルクコーヒーができるんじゃ

ミルクがコーヒー全体に広がる

拡大すると…

分子がめちゃくちゃな方向に飛び回ってる！

分子

熱運動

**ミルク分子はエントロピー増大の法則に従って
じっとしてはおらず、熱運動をしている**

確率の考えかた
——最も起こりやすい状態を探っていく計算法

エントロピーを深く理解するためには、確率の考えかたが必要となります。**確率とは、偶然起こる現象の、起こるすべての場合に対する割合**です。例えば、サイコロを放り投げて「1」の目が出る確率は、「1」〜「6」までの6つの面のなかで、「1」が出る割合を考えるので、次のような計算になり、答えは1/6です。

$$「1」の目が出る確率 = \frac{「1」が出る数}{すべての場合の数} = \frac{1}{6}$$

最も起こりやすい状態とは

では、2枚のオセロを床に落とすと2枚とも「白」の面が出る確率は、どうでしょうか? 起こり得る組み合わせは、1枚目2枚目の順に並べると「白白」「白黒」「黒白」「黒黒」の4通りあります。「白黒」「黒白」を区別することに注意してください。ですから、2枚とも「白」になる確率は、次のように計算できます。

$$2枚とも「白」になる確率 = \frac{「白白」1通り}{全パターン4通り} = \frac{1}{4}$$

もちろん、「黒黒」となる確率も、1/4です。ということは、**1枚が「白」で他方が「黒」となる確率は1/2となるので、最も起こりやすい状態**ということになります。

この最も起こり得る状態とエントロピーが増大することが結びつくことを次項から説明していきます。

オ セ ロ か ら わ か る「最 も 起 こ り や す い 状 態」

2枚のオセロを振って
2枚とも「白」、つまり「白白」となる
確率はいくらでしょうか？

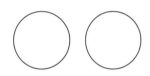

「白白」となる確率は、
$$\frac{1}{2} \times \frac{1}{2} = \frac{1}{4}$$
と計算することもできる

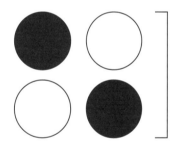

「白」と「黒」が出るのが $\frac{2}{4}$、
つまり $\frac{1}{2}$ の確率。
「白」と「白」、「黒」と「黒」が出る
確率と比べて最も高い確率

「白」と「黒」が出るのが
「最も起こりやすい状態」
ですね

起こりやすさと
エントロピーは
つながるんじゃ

2つの部屋を動き回る
気体分子

──たくさんの分子のあり得ない動きを想像する

　次ページの上側の左図を見てください。左右の2部屋が仕切り板に遮られてつながっており、左の部屋だけに気体分子1個が自由に飛び回っています。その一方、右の部屋には分子がない真空となっています。

　さて、この状態から、**右図のように仕切り板を外すと、分子は左右の部屋を自由に飛び回るようになります**。この現象を**時間反転（逆再生）**して眺めてみても違和感はありません。

　では、その下に描いた図のように、左の部屋に4つの分子がある場合はどうでしょうか？　仕切り板を外すと、4つの分子が左右の2部屋を飛び回ります。

　これを時間反転すると、左右2つの部屋を飛び回っていた4つの分子が、左の部屋だけに集まり、一方の右の部屋は再び真空となります。これはちょっと不自然ではありませんか？

自由に飛び回らない分子たち

　さらに、4つどころではなく、もっともっと膨大な数の気体分子だったとしましょう。想像してみてください。**左右の部屋に広がっていたおびただしい数の分子が、左の部屋に偏り始め、やがて全部の分子が左の部屋に集まる映像を⋯⋯。これは明らかに違和感を覚えますよね**。ミルクコーヒーが勝手にミルク分子とコーヒー分子に分かれていくような現象です。

　では、なぜ多数の分子の自由な動きを時間反転させると、違和感を覚えるのでしょうか？

　これに答えるためには、前で述べた確率の考えが必要です。そこで、次項では分子の動きを**場合の数**で捉えます。

2つの部屋を動き回る分子の動き

分子1個の場合

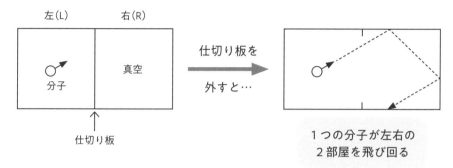

左(L)　　右(R)

分子　　真空

仕切り板

仕切り板を外すと…

1つの分子が左右の2部屋を飛び回る

逆再生 この現象の逆再生映像は違和感がない

分子4個の場合

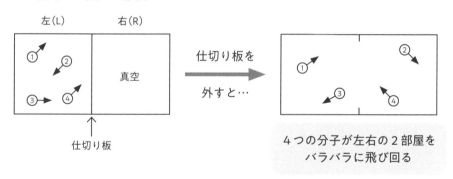

左(L)　　右(R)

真空

仕切り板

仕切り板を外すと…

4つの分子が左右の2部屋をバラバラに飛び回る

逆再生 この現象の逆再生映像は違和感がある

ものごとは確率が
高いほうに進んでいく
——分子の最も起こり得る可能性が高い動き

　前項で、左の部屋に閉じ込められていた 4 つの分子に「1」「2」「3」「4」と名前をつけ、左の部屋を「L」、右の部屋を「R」と呼ぶこととします。

　仕切り板を外すと、それぞれの分子は左右の部屋を飛び回ります。このとき、**「1」「2」「3」が左に、「4」だけ右の部屋にある場合ならば、「LLLR」と表すことにしましょう。**こうしたやりかたで、起こり得る分子の配置の数をすべて数えてみましょう。

　左に 4 つは「LLLL」の 1 通り、右に 4 つも「RRRR」の 1 通りです。

　左に 3 つ右に 1 つは、「LLLR」「LLRL」「LRLL」「RLLL」の 4 通りで、左に 1 つ右に 3 つは、上記と同様に 4 通りとなります。

　左右に 2 つずつは、「LLRR」「LRRL」「RRLL」「LRLR」「RLRL」「RLLR」の 6 通りがあります。

一方の部屋に集まる確率は低い

　つまり、すべてのパターンの合計は1+4+4+6+1で16通りです。もちろんすべてのパターンを数えなくても、それぞれの分子の位置は左右 2 通りあるので2×2×2×2で16通りと考えてもよいでしょう。

　ですから、左の部屋（あるいは、右の部屋）に 4 つ偏る確率は、1/16となるので、低い確率です。**これに比べて一方の部屋に 1 つ、他方の部屋に 3 つ存在する確率、または左右に 2 つ存在する確率は高い**です。

　つまり、**ものごとは時間の経過とともに確率が高い状態（「場合の数」が大きい状態）に推移する**ことがわかります。

　この世の出来事が、確率の高いほうに進むこととエントロピーが時間とともに増大することには、対応関係があるのです。

4つの分子のありかたは確率が高い状態に推移

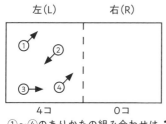

①～④のありかたの組み合わせは、**1通り**

起こり得る可能性が最小

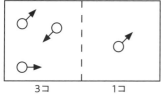

①～④のありかたの組み合わせは、**4通り**

どちらかの部屋に
偏ることは
低い確率なんですね

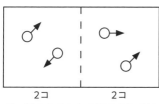

①～④のありかたの組み合わせは、**6通り**

起こり得る可能性が最大
＝最も起こりやすい状態

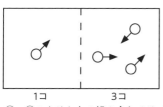

①～④のありかたの組み合わせは、**4通り**

ものごとは
確率が高い状態に
推移するもんじゃ

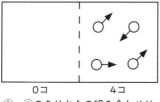

①～④のありかたの組み合わせは、**1通り**

分子の動きをしばらく見ていたとしたら、
左の部屋に2個、
右の部屋に2個あることが多くなる。

起こり得る可能性が最小

分散、浸透圧の
背景にあるエントロピー
——漬物はエントロピー増大の法則がつくる

コーヒーにミルクを垂らす現象を、もう一度考えてみましょう。

コーヒーのなかにミルクを入れたとき、ミルク分子が1か所に集中する確率は極めて低いので、時間とともにコーヒー全体に広がります。この現象を分散といい、前項で述べた左の部屋の4つの分子が左右の部屋に広がった現象と同様に、時間とともにエントロピーが増大するということが、ここからも説明できます。

分子がエントロピー増大の法則に従って動く

分散がわかったら、次は浸透圧という現象にも着目しましょう。

次ページのように、U字管の中央に半透膜で左右を仕切り、左側に水、右側に砂糖水を、水面の高さが同じになるように入れます。半透膜は、水の分子は通過しますが、砂糖の分子は通過できません。

時間の経過とともに、半透膜を通って左側の水が、右側の砂糖水に移動していきます。結果的には、左右の水面の高さに差が生まれます。左右の差の分に対する水の重さに相当する圧力を浸透圧といいます。

この現象も分散と同様、エントロピー増大の法則に従っています。左右の濃度差が小さいほうがエントロピーが大きいので、水が、砂糖が溶けている水溶液に向かって移動するのです。

キュウリの一夜漬けは、高濃度の塩水などにキュウリを浸すと、キュウリのなかにある水分が、高濃度の塩水に向かって移動することでできます。この結果、キュウリがしんなりとなって漬物ができるのです。

まさに、漬物はエントロピー増大の法則を利用した調理方法と考えることができます。

分散と浸透圧の概念図

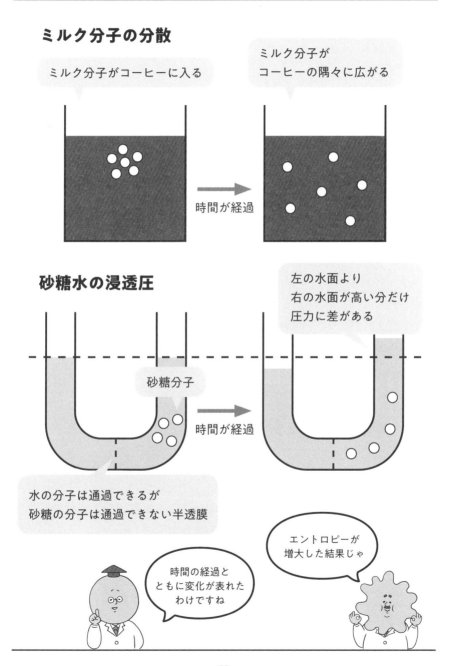

ミルク分子の分散

ミルク分子がコーヒーに入る

ミルク分子が
コーヒーの隅々に広がる

時間が経過

砂糖水の浸透圧

左の水面より
右の水面が高い分だけ
圧力に差がある

砂糖分子

時間が経過

水の分子は通過できるが
砂糖の分子は通過できない半透膜

時間の経過と
ともに変化が表れた
わけですね

エントロピーが
増大した結果じゃ

ゴムひもは縮んだ
状態であろうとする
──自由度が大きいとエントロピーも大きい

　ゴムひもは、伸ばすと縮もうとします。単純に見えるこの現象も、実はエントロピーが関係しています。

　ゴムひもは、炭素原子が鎖状に長く結びついた構造になっていますが、この原子同士の結合は弱いので、自由に折れ曲がることができます。

　ゴムひもを、次ページの図のように8本の棒がちょうつがいにつながれている単純なものと考えてみましょう。ただし、話を簡単にするために、ちょうつがいは0度か、180度の角度にしか曲がらないことにします。棒は鎖を長くする向きと、短くする向きにしか曲がりません。

　さて、20ページで述べた 「場合の数」 が多いほどエントロピーが大きいことを思い出してください。棒の1本あたりの長さが1cmの場合では、全体の長さが8cmとなる状態は上図のように1通りしかありません。自由度が小さいのでエントロピーが小さい状態です。

ゴムひもを伸ばすと熱くなるのは？

　ところが全長4cmの状態をつくるには、下図のようにさまざまな組み合わせがあって自由度が大きいため、エントロピーが大きくなります。**伸びたゴムひもはエントロピーが小さいので、エントロピー増大の法則に従ってエントロピーが大きい縮んだ状態に向かう**のです。

　ところで、ゴムひもは伸ばすと熱くなり、縮めると冷たくなります。ゴムひもをあごなどにあてながら伸び縮みさせればわかります。つまり、**エントロピーが小さくなると熱を放出し、エントロピーが大きくなると熱を吸収する**のです。なぜでしょうか？　次章からは、熱とエントロピーの関係を考えていきたいと思います。

自由度とエントロピー

まっすぐに伸びた状態

ゴムひもを、1cmの棒がちょうつがいによって8本つながれているものに見立てる

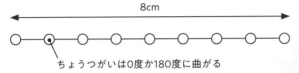

8cm

ちょうつがいは0度か180度に曲がる

8cmの状態は
1通りしかない

ゴムひもをまっすぐに伸ばすと自由度が小さい

→エントロピーも小さい

ゆるんで長さ4cmの状態

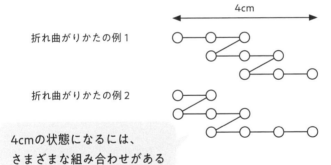

4cm

折れ曲がりかたの例1

折れ曲がりかたの例2

4cmの状態になるには、
さまざまな組み合わせがある

さまざまな折れ曲がりの組み合わせがあり、自由度が大きい

→エントロピーも大きい

ゴムひもは
緩んだ状態であろうと
するのか……

ゴムひもが
縮もうとする理由は、
エントロピーで
説明できる

アインシュタインの独創でも、時間は戻せない

1905年、アインシュタインが特殊相対性理論を発表。これにより、時間は観測者の速度によって進みかたが異なることがわかりました。例えば、地球から出発したロケットの速度が光速に近づくと時間の経過が遅くなります。地球に戻るまで、ロケット内で5年しか経過しないのに地上では50年経っているということが起こるのです。

この場合、ロケットの乗組員は、地球に戻ってきたら45年の未来に到着したことになります。つまり、光速に近いロケットは、未来に向かうタイムマシンといえます。ただし、過去には行けません。

さらに、アインシュタインは重力場を含めた理論に拡張した一般相対性理論を1915年に発表しました。ここでは、重力が時間と空間を歪めることを提示し、重力が大きいほど時間が遅く進むことがわかったのです。例えば、ブラックホールと呼ばれる重力が大きい天体の付近では急速に時間が遅く進みます。

2020年に、東大の研究チームがスカイツリーの展望台では、高度が高く地上より重力が小さいため、地上より僅かに時間が速く進むことを発表しました。一般相対論が正しいことが実証されたのです。

第 **2** 章

熱と
エントロピー

エントロピーはエンジンの研究から誕生した
——効率よく熱を使いたいというカルノーの念願

　そもそも、エントロピーは、フランスの物理学者サディ・カルノー（Sadi Carnot／1796-1832）による、熱と仕事に関する研究で生まれた概念です。そのため、物理学の数式や論文では、エントロピーを、カルノーの名前 Sadi にちなんで「S」と表します。

　カルノーの研究テーマは、「究極のエンジン」です。

　エンジンとは、ガソリンの燃焼によって生まれた熱（エネルギー）を利用して、車（車輪）を動かす装置（熱機関）です。

　ガソリンの燃焼で生まれた熱は、一部は車輪を動かす仕事に使われますが、残りは、排気ガスに含まれて捨てられる熱（捨て熱）となります。「このエンジンの捨て熱は無駄だ」という直感を大事に持っていたのがカルノーで、彼はこの無駄を解決すべく研究を行なったのです。

熱効率を追求し独自の考えを発表

　捨て熱を０にできれば、それこそが完璧なエンジンとなりますが、カルノーは結局、捨て熱を０にするのは不可能であるとし、そのうえで、カルノーサイクル（40ページで解説）を構想。これこそが究極のエンジンであると証明し、カルノーは生涯で唯一の論文『火の動力』（1823年）に記しました。しかし、当時は誰からも見向きもされなかったようです。

　カルノーの死後、その考えは、熱力学を研究したドイツの物理学者ルドルフ・クラウジウス（Rudolf Clausius／1822-1888）に見いだされ、エントロピーの考えは発展していくことになります。

　次項からは、熱力学の基礎であるエネルギー、熱、温度とは何かを定義し、エントロピーと温度と熱の関係を説明していきます。

サディ・カルノーが考えたこと

ニコラ・レオナール・サディ・カルノー
(Nicolas-Léonard- Sadi Carnot)

1796 年、パリ生まれ。1814 年、エコール・ポリテクニクを卒業後、陸軍に入り技師として活躍。1824 年に退役し、数学、物理学、化学、博物学などの研究に没頭。1832 年、パリで流行したコレラのために夭折。1824 年、『火の動力』において、理想的な熱機関の効率を達成する循環サイクル（カルノーサイクル）を提示した。

「究極のエンジン」をつくりたい！

捨てる熱を減らして、
与えた熱を最大限に生かして、
車輪を動かす仕事に使う。

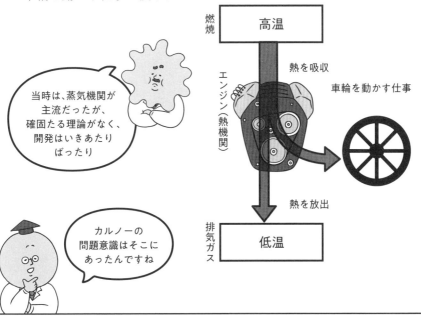

仕事やエネルギーって何？
——エントロピーを理解していくための物理

　前項で出てきた「仕事」と「エネルギー」は、日常でも使う言葉ですが、この項で、物理学においての定義を説明しておきましょう。

　まず、仕事は、数式では「W」（work の頭文字）で表します。**仕事 W は、物体に加えた力と移動距離の積で表し、単位は〔J（ジュール）〕です。**

　どんなに大きな力を加えても、物体が動かなければ、W は0〔J〕となります。宅配員が依頼された荷物を動かそうとしていても、それが1㎜も動かせなければ、全然仕事をしていないぞ、ということになりますね。

運動エネルギーと位置エネルギー

　エネルギーとは、仕事をする能力を表します。

　例えば、運動している物体は、仕事をする能力（すなわちエネルギー）を持っています。投げたボール（運動する物体）をミットで受け止める場合、ボールにはミットを押す力が働き移動します。**仕事は、力と移動距離の積ですから、ボールは静止するまで仕事をする能力を持つといえます。**これを**運動エネルギー**といいます。

　一方、**静止していてもある位置に存在するだけで仕事をする能力を持つ物体もあります。**

　例えば、ビルの屋上にボールがあるとします。ボールには、下向きに重力が働きます。ボールが地面の方向に落下すると、重力が仕事をします。つまり、ある高さにある物体というより、物体に働く重力が仕事をする能力を持つのです。このように、位置で決まるエネルギーのことを**位置エネルギー**といいます。

　エネルギーには、さまざまな姿があるのです。

物理でいう「仕事」と「エネルギー」

仕事

仕事W＝力×移動距離〔J〕

運動エネルギー

運動する物体の持つエネルギー（力）＝運動エネルギー

位置エネルギー

位置で決まるエネルギー（力）＝位置エネルギー

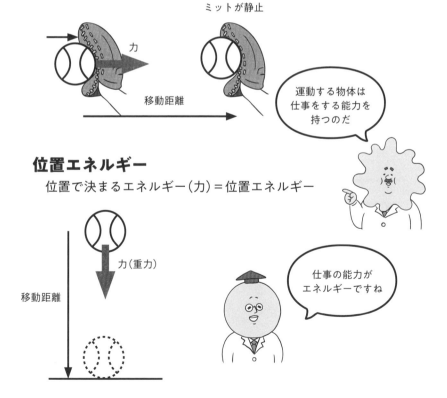

温度の正体は分子の運動
——温度が上がると分子の運動エネルギーも増加

　この項から、温度と熱の正体に迫っていきます。

　まず、温度には**最小値**があります。それは摂氏−273℃です（正確には−273.5℃〈セルシウス度〉）。では、なぜ温度には最小値があるのでしょう？

　まず、次ページの上側左図のように、温度0℃の気体を1㎥の容器に閉じ込めます。容器には自由に動くピストンがついていて、それが容器の蓋をしています。この状態から、容器のなかの圧力を一定に保ったまま気体を1℃下げます。すると、体積は1/273㎥減少します。さらに1℃下げると再び1/273㎥減ります。**こうして温度を下げていくと、−273℃のときに体積は0となります。ここが温度の下限（最小値）です**。この−273℃を0に取り直したものを**絶対温度**（記号は「T」で表し、単位は〔K（ケルビン）〕）といいます。絶対温度は、**摂氏**（記号は「t」で単位は℃）と目盛りの幅は同じで、その関係は次のような等式で表せます。

　　絶対温度 T〔K〕＝摂氏 t〔℃〕＋273

分子の運動エネルギーと温度は比例する

　気体分子1つ1つは熱運動をしており、運動エネルギーを持っています。分子の運動エネルギーの平均値をK（単位は〔J〈ジュール〉〕）で表すと、絶対温度 T〔K〕と比例関係にあります（次ページの下側のグラフ参照）。

　絶対温度0〔K〕のとき、運動エネルギーも0〔J〕なので、このときはすべての分子が静止している状態です。温度が上がると、分子の運動エネルギーも増加します。つまり、**温度の正体は分子の運動エネルギーに比例した物理量と考えることができる**のです。なお、分子の運動エネルギーの合計を**内部エネルギー**と呼び、U（単位は〔J〕）で表します。

絶対温度とは何か？

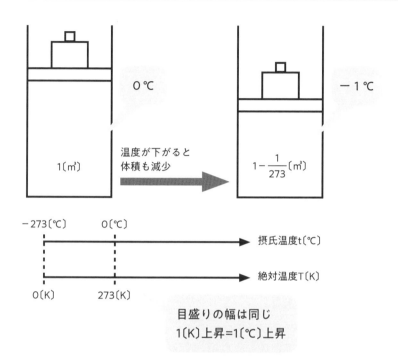

分子の運動エネルギーと絶対温度の比例関係

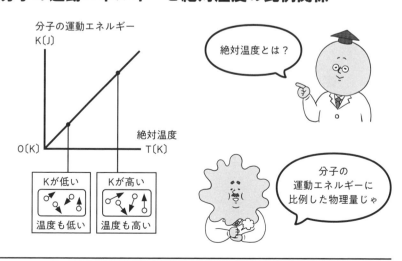

33

熱とエネルギー保存の法則
——熱の正体はエネルギーにほかならない

　前項では、温度の正体が分子の運動エネルギーに比例した物理量であることを説明しました。では、熱の正体はいったい何でしょうか？

　次ページの上図のように、ガスコンロで水に熱を加えると水温が上がります。前項でも述べたように、温度が上がると分子の運動エネルギーは大きくなります。つまり、水温が上がる現象は下記のように説明できるわけです。

　①物体に熱を与える

　↓

　②温度が上昇する

　↓

　③分子の運動エネルギーが増加する

　以上のことから、熱を与えることは、エネルギーを与えることにほかならないことがわかります。

　つまり、**熱の正体はエネルギーなのです**。本書では今後、熱を**熱エネルギー**と捉え、Qという記号（単位は〔J〕）で表します。

エネルギーは形を変えて保存される

　ここで、宇宙を支配する大切な法則を示します。

　それは、皆さんも中学生のときに学んでおられるはずの**エネルギー保存の法則（エネルギー保存則）**です。

　エネルギーには、熱エネルギー、運動エネルギー、位置エネルギーのように、さまざまな形がありますが、エネルギーはどのような形に変わっても常に一定なのです。エネルギー保存の法則は、この宇宙を支配する絶対的な法則なのです。

熱の正体は熱エネルギー

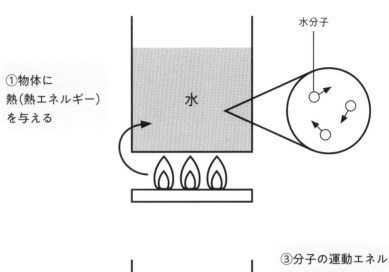

①物体に
熱（熱エネルギー）
を与える

水分子

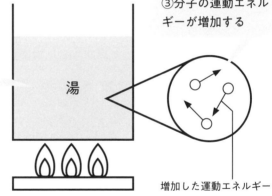

②温度が上昇する

③分子の運動エネルギーが増加する

増加した運動エネルギー

熱の正体は
エネルギーですね

エネルギーは
形を変えても
保存されるんじゃ

エネルギーの可逆変化と
不可逆変化
——ボールの落下直後の現象を逆再生で考えてみる

　この項では、エネルギーの変化について説明します。ある高さからボールを落下させる運動を考えてみましょう。

　ボールがはじめに持つ位置エネルギーが10〔J〕だったと仮定したなら、エネルギー保存則により、地面に落下する瞬間は10〔J〕の運動エネルギーに変化します。

　この落下運動を、ビデオカメラで撮って映像を逆再生した場合、次ページの上図のように、下から投げ上げられたボールのようにも見えるわけですから、この映像に不自然さを感じませんよね？　このように、**時間を反転させても不自然ではない（矛盾がない）現象を可逆変化**といいます。

ボール落下後のエネルギー変化は不可逆

　ところが、ボールが地面に落下した直後、バウンドせずに静止したとします。この場合、衝突直前の運動エネルギー10〔J〕はどこに行ったのでしょうか？　実は、落下直後に僅かですが地面とボールの温度が上がります。運動エネルギーが熱エネルギーに変わっているのです。

　この熱エネルギーが発生する過程を逆再生で考えると、地面とボールの間で生まれた10〔J〕の熱エネルギーが運動エネルギーに変わって、ボールがジャンプするイメージになりますが、これは常識的にあり得ないですよね。つまり、**熱エネルギーが全部運動エネルギーに変わることはないので、不可逆変化である**といえます。

　運動エネルギーは、すべて熱エネルギーに変換可能ですが、熱エネルギーをすべて運動エネルギーに変換することはできないのです。このエネルギーの流れる方向を決める法則を、**熱力学の第2法則**といいます。

矛盾がない逆再生と矛盾がある逆再生

可逆変化　＊落下したボールのエネルギー変換

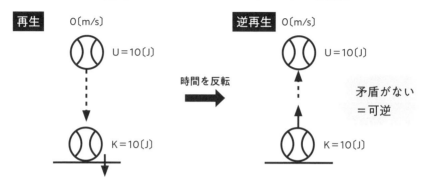

ボールが持っていた位置エネルギー10〔J〕が、地面に落下するまでに10〔J〕の運動エネルギーに変わった。

地面でボールが持っていた運動エネルギーが、最高点で位置エネルギーに変わった。

不可逆変化　＊地面に衝突したボールのエネルギー変換

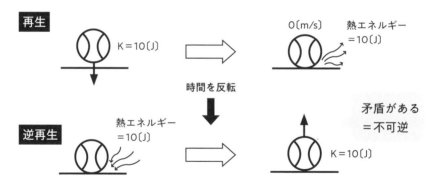

熱エネルギーは、すべて運動エネルギーには変われない。

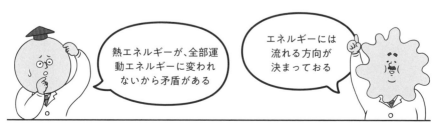

熱エネルギーが、全部運動エネルギーに変われないから矛盾がある

エネルギーには流れる方向が決まっておる

エンジンの熱効率を高める方法
——数式を使ってエンジンの仕組みを理解しよう

　この項から、カルノーが考えた「究極のエンジン」について解説していきましょう。

　エンジンは、ガソリンを燃やして得た熱エネルギーを仕事に変える装置です。このような装置を熱機関といいます。

　エンジンの構造は、円筒状のシリンダーにピッタリとはまって自由に動けるピストンからできており、熱を得る**高熱源**（この絶対温度を「T_1」で表します）と、熱を捨てる**低熱源**（同じく「T_2」）を必要とします。**ガソリンを燃やす際の高温状態が高熱源、排気マフラーから熱を吐き出す外気が低熱源に相当します。**

熱効率１００％を目指す

　高熱源から吸収する熱エネルギーを「Q_1」、低温物体に放出する熱エネルギーを「Q_2」、熱機関が１サイクルの過程で、外部にした仕事を「W」とします（いずれも単位は〔J〕）。また、吸収熱に対する仕事の割合を**熱効率**といい、英語の効率を表す efficiency の頭文字を用いて「e」と表します。これらをまとめると、熱機関の熱効率は、次ページの①のように表すことができます。

　また、エネルギー保存則により、吸収熱は外部にした仕事と捨てた熱（放出熱）に使われるので、Q_1はQ_2＋Wとなります。ですから、W はQ_1-Q_2とも書けるので、熱効率 e は、次ページ②のように表現できます。

　さて、カルノーが求めたように、仮に、放出熱Q_2が０〔J〕となれば、**熱効率 e は１、つまり１００％となり、これが「究極のエンジン」といえる**わけですが、果たしてそんなエンジンは、可能なのでしょうか？

熱機関の１サイクルの表現

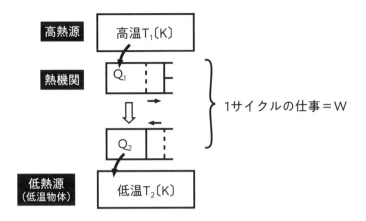

・高熱源から吸収する熱エネルギーが「Q_1」

・低熱源に放出する熱エネルギーが「Q_2」

・熱機関が１サイクルの過程で外部にした仕事が「W」

$$熱効率 e = \frac{W（1サイクルの仕事）}{Q_1（高熱源からの吸収熱）} \quad \cdots\cdots ①$$

$$熱効率 e = \frac{Q_1 - Q_2（低温物体への放出熱）}{Q_1} = 1 - \frac{Q_2}{Q_1} \quad \cdots\cdots ②$$

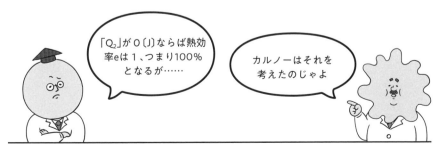

「究極のエンジン」とは？
——カルノーサイクルが示した最大の熱効率

　前項で登場したエンジンの熱効率を、具体的な数式を使って計算してみましょう。

　1サイクルの過程で、エンジンが高熱源から10〔J〕を得て、7〔J〕の熱を外気に捨てたとします。外部にする仕事 W は、得た熱から放出する熱の差、つまり10−7＝3〔J〕となるので、次ページの①のように、熱効率は30％となります。実際、1990年代に製造されていたエンジンの熱効率は、30％程度でした。これが、2019年度には50％を達成しています。

　こうなってくると、**捨て熱を0〔J〕にして、熱効率100％を目指したいところですが、残念ながら、これは不可能である**ことが証明されています。

高熱源の T_1 と低熱源の T_2 を制御する

　ここで、カルノーが編み出した理論、**カルノーサイクル**の登場です。そのサイクルの熱の変化は、4つの段階に分けることができます。次ページの図も参照しながら見ていきましょう。

　①温度一定：シリンダー内部の温度を一定に保ちつつ、高熱源（T_1）から熱を吸収する
　②断熱膨張：熱の出入りなく、温度を T_1 から T_2 まで下げる
　③温度一定：内部温度を一定に保ち低熱源（T_2）に熱を放出する
　④断熱圧縮：熱の出入りなく、温度を T_2 から T_1 まで上げ、最初に戻る
　このサイクルでは、**熱効率が最大となり、「究極のエンジン」といえる**ものです。その熱効率は、次ページの②のような式にして表現することができます。

　実は、この②の式がエントロピーの出発点となったのです。

熱機関の熱効率の具体例

例：ガソリンの燃焼によって車のエンジンに10〔J〕の熱を与えたあと、
　　排気ガスを通じて7〔J〕の熱を排出した場合の熱効率は？

$$e = \frac{Q_1 - Q_2}{Q_1} \quad \text{にあてはめる→} \quad e = \frac{10-7}{10} = 0.3 = 30\% \quad \cdots\cdots ①$$

カルノーサイクルの概念図

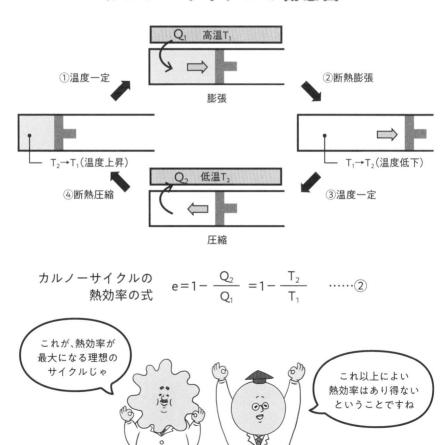

カルノーサイクルの
熱効率の式　$e = 1 - \dfrac{Q_2}{Q_1} = 1 - \dfrac{T_2}{T_1} \quad \cdots\cdots ②$

これが、熱効率が
最大になる理想の
サイクルじゃ

これ以上によい
熱効率はあり得ない
ということですね

　前項で述べたカルノーサイクルの熱効率の式は、「高熱源の温度 T_1」と「高熱源から得た熱 Q_1」を左辺に、「低熱源の温度 T_2」と「低熱源に放出した熱 Q_2」を右辺に集めた式に変形すると、次ページの①のようになります。

　こうすることで、**カルノーサイクルでは、高熱源から得た Q_1/T_1 と、低熱源に捨てた Q_2/T_2 は同じである**ということがわかります。

「エントロピー」の名づけ親はクラウジウス

　ここで、もう1人の重要人物、クラウジウス（前述）が出てきます。36ページでエネルギー保存の法則について述べましたが、クラウジウスはこのエネルギーとは別に、Q（熱）／T（温度）なるものがカルノーサイクルでは、保存されるのではないかと考えました。

　そして、**クラウジウスは、Q/T をエントロピーと名づけました。「エントロピー」は、「変換」を意味するギリシア語「$\tau\rho\sigma\pi\acute{\eta}$（トロペー）」に由来しています**。さらに、「エントロピー」をサディ・カルノーの頭文字を取って「S」で表し、次のような式にしました。

$$エントロピー：S = \frac{Q（熱）}{T（温度）} 〔J／K〕$$

　こうしてエントロピーの名づけ親となったクラウジウスは、エネルギー問題に対する先見性を持っていた人物でもありました。彼は、19世紀当時おもなエネルギー資源であった石炭はいずれ枯渇するので、将来は水力発電や太陽によって得られる自然エネルギーに移行しなければならないと述べています。

カルノーサイクルの仕組みを解く

カルノーサイクルの熱効率の式を変形

$$e = 1 - \frac{Q_2}{Q_1} = 1 - \frac{T_2}{T_1} \quad \rightarrow \quad \frac{Q_2}{Q_1} = \frac{T_2}{T_1} \quad \rightarrow \quad \frac{Q_1}{T_1} = \frac{Q_2}{T_2} \quad \cdots\cdots ①$$

高熱源から得たQ_1/T_1と、低熱源に捨てたQ_2/T_2は同じということになる。

高熱源の情報「T_1」「Q_1」を左辺に、低熱源の情報「T_2」「Q_2」を右辺に集める

クラウジウスが考えたエントロピー

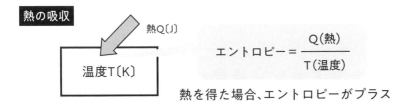

熱の吸収　熱Q〔J〕　温度T〔K〕

$$\text{エントロピー} = \frac{Q(熱)}{T(温度)}$$

熱を得た場合、エントロピーがプラス

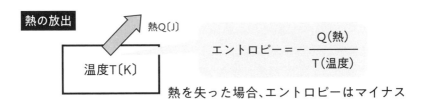

熱の放出　熱Q〔J〕　温度T〔K〕

$$\text{エントロピー} = -\frac{Q(熱)}{T(温度)}$$

熱を失った場合、エントロピーはマイナス

熱の放出でエントロピーがマイナスになる

エントロピーがマイナスになるんですか？

エントロピーは
イメージしづらい
——温度が低いと大きくなり、温度が高いと小さくなる

　前項で示した「S＝Q（熱）／T（温度）」というエントロピーの式は、**同じ熱Qを与えても、物体の温度Tが低い場合は、エントロピーが大きくなり、逆に、物体の温度Tが高い場合は、エントロピーが小さくなる**ことを表しています。

　このようにいってみたところで、エントロピーはイメージするのが非常に難しい物理量です。筆者の教え子である理工系の大学生たちも口をそろえて「エントロピーはさっぱりわからない」と言います。なかには、「大学教授の講義そのものがわかりにくいのに、エントロピーというわかりにくいものが出てくると、さらに絶望的になる」と言う学生もいました。

エントロピーは受け取りかたしだい

　そこで、厳密な式や定義は抜きにし、筆者が考えるエントロピーに対するイメージをお話ししたいと思います。

「物体の温度（T）」を「個人の所有する資産」、「与える熱（Q）」を「お金」と置き換えて考えてみましょう。

　温度が低いのは、所有資産が少ない状態です。ですから、**資産1万円しかない人が1万円を渡されると、インパクトが大きい**ですよね？　つまり、受け取るエントロピーは大きくなります。

　これに対し、温度が高いのは、所有資産が多い大富豪状態です。**資産1億円の人が1万円を渡されてもインパクトが少なすぎて、影響がほとんどない**と考えることができます。つまり、受け取るエントロピーは小さくなります。このような身近な感覚も取り入れながら、イメージをつかんでもらえると嬉しいです。

エントロピーの大小の捉えかた

温度Tが低い
→資産少ない(貧困)

温度Tが高い
→資産多い(富豪)

資産1万円の人に1万円を渡す　温度Tが低いところに熱Qを与えると……。

¥10,000

インパクトが大きい
↓
エントロピーが大きい

資産1億円の人に1万円を渡す　温度Tが高いところに熱Qを与えても……。

¥10,000

インパクトが小さい
↓
エントロピーが小さい

> エントロピーの大小は、
> 温度の大小と
> 深い関係があるのだ

カルノーサイクルが 導き出した法則

——この宇宙のエントロピーは増大する

　カルノーサイクルでは、次ページの①の式が成り立ちます。ここで**温度 T_1の高熱源は、Q_1の熱を失ったことになる**ので、エントロピーは負となり、$-Q_1/T_1$と表すことができます。

　一方、**温度 T_2の低熱源は、Q_2の熱を得ている**ので、エントロピーは正となり$+Q_2/T_2$です。

　これにより、カルノーサイクルの場合では、エントロピーは次ページの②のように合計は0となります。

　これに対して、カルノーサイクル以外のエンジンは、熱効率eが悪く（小さく）なるので、次ページの③の関係が成り立ちます。③の式を変形すると、④の式のようになります。

　これにより、究極のエンジンであるカルノーサイクル以外の場合、エントロピーの合計は⑤のように正となり、エントロピーの合計は増えます。

　つまり、**究極のエンジンであるカルノーサイクル以外の世界では、エントロピーは必ず増大する**ことがわかったのです。

クラウジウスの宣言

　この考えにたどり着いたクラウジウスは、1865年、私たちが生きているこの宇宙にある法則について、次のような宣言をしています。

1．この宇宙のエネルギーは保存される

2．この宇宙のエントロピーは増大する

　エントロピーが増大する方向と、過去から未来に向かう時間の矢は一致します。もしエントロピーが減少するならば、それは時間が未来から過去に向かっていることになるのです。

クラウジウスが気づいたこと

カルノーサイクルのエントロピー

$$\frac{Q_1}{T_1} = \frac{Q_2}{T_2} \quad \cdots\cdots ①$$

エントロピーの合計は→ $\quad -\frac{Q_1}{T_1} + \frac{Q_2}{T_2} = 0 \quad \cdots\cdots ②$

カルノーサイクル以外のエントロピー

$$熱効率 e = 1 - \frac{Q_2}{Q_1} < 1 - \frac{T_2}{T_1} \quad (カルノーサイクルの場合) \quad \cdots\cdots ③$$

変形すると→ $\quad \frac{Q_1}{T_1} < \frac{Q_2}{T_2} \quad \cdots\cdots ④$　必ず正となりエントロピーは増大する

エントロピーの合計は→ $\quad -\frac{Q_1}{T_1} + \frac{Q_2}{T_2} > 0 \quad \cdots\cdots ⑤$

この宇宙のエントロピーは増大する！

ルドルフ・ユリウス・エマヌエル・クラウジウス（Rudolf Julius Emmanuel Clausius）

プロイセンのケスリン（現ポーランドのコシャリン）生まれ。1840 年ベルリン大学入学、数学と物理学を修める。チューリヒ大学、ビュルツブルク大学教授を経て、1869 年ボン大学教授。カルノーの思想を発展させて熱力学の第 2 法則を樹立。熱力学の体系化に寄与した。

カルノーサイクルは理想なのか……

しかし、その理想に近づけていく努力は肝心じゃ

熱が移動する方向
——お茶と氷水を接触させてみると

　この項目では熱の移動について考えてみましょう。

　次ページの上図のように温度 T_1 の熱いお茶と、温度 T_2 の氷水を用意します。そして、氷水とお茶を近づけていって接触させると、何が起こるでしょうか？　当然ながら、お茶の温度は下がり、氷水の氷は溶けて水の温度が上がるでしょう。逆に、お茶の温度が上がって沸騰し、熱を失った氷水はどんどん凍りつくなんてことは、起こり得ませんよね。

　この現象から、**高温物体と低温物体を接触させると、熱は高温物体から低温物体の方向に移動する**のがわかります。

エントロピーが増大してやがて熱平衡に至る

　この現象をエントロピーで捉えることができます。

　まず、お茶から氷水へ移動した熱エネルギーを「Q」とします。**Qは微小量と考えるとお茶の温度 T_1 と氷水の温度 T_2 は、近似的に一定とみなすことができます。**

　このときの全体のエントロピーの変化を計算しましょう。計算は、次ページの通りです。この計算によって全体のエントロピーは増大することがわかります。

　もし、氷水からお茶に、つまり低温物体から高温物体に熱が移動するとしたら、それは全体のエントロピーは減少することになり、エントロピー増大の法則に反することになります。

　さて、時間が経つにつれて氷水の氷は溶けて水となり、温度も上がります。一方、お茶の温度は下がり、最終的に両者の温度は同じとなり熱の移動は終わります。この状態を**熱平衡**または、**熱的死**といいます。

高温物体から低温物体に熱が移動する

氷水と熱いお茶を接触させると熱Qは、どうなる？

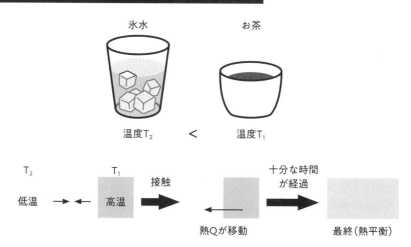

最終的に氷水の氷は溶けて水となり、温度が上がる。
一方、お茶の温度は下がり、最終的に両者の温度は同じとなって熱の移動が
終わる。

お茶は熱を放出する
のでマイナスとなる

エントロピーを計算

氷水のエントロピー→ $\dfrac{Q}{T_2}$　　　お茶のエントロピー→ $\dfrac{-Q}{T_1}$

エントロピーの合計は→ $\dfrac{-Q}{T_1} + \dfrac{Q}{T_2} = Q\left(\dfrac{1}{T_2} - \dfrac{1}{T_1}\right) > 0$

→「T_1」は「T_2」よりも大きいので、必ず正となる

エントロピーの
合計が必ず正になる
ということは？

全体のエントロピーは
増加するのじゃ

過去から未来に向かうことは可能か？

2020年に公開された映画『テネット』（アメリカ）は、時間の逆行がテーマです。映画には、「エントロピー」と「反粒子」の2つのキーワードが登場します。エントロピーは本編のテーマなので、このコラムでは、反粒子について取り上げましょう。

反粒子とは、電子や陽子などの物質のもととなる粒子と正反対の性質を持った粒子です。

例えば、電子はマイナスの電気を持っていますが、電子の反粒子である「陽電子」は、プラスの電気を持っています。過去から未来に向かう反粒子は、未来から過去に時間を逆行する粒子と見ることができます。

下の左図のように、未来から過去に時間を逆行する点「B」から点「A」に進む電子（マイナスの電気）があったとします。

私たちの認識は、時間が過去から未来に流れるので、粒子は「A」から「B」に進むように見えます。**この際、粒子の持つ電気がプラスなら、物理法則に矛盾が起こらない**のです。これが電子の反粒子、陽電子のふるまいです。

陽電子はタイムマシンのように、過去から未来に時間を逆行する電子と捉えることができます。

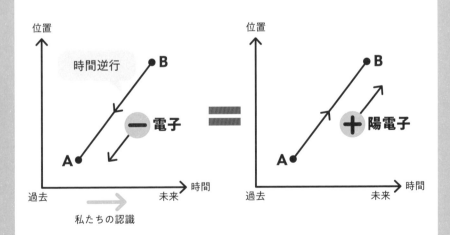

第3章

統計と
エントロピー

分子のふるまいに注目したボルツマン
──エントロピーを統計的に考えた天才物理学者

　クラウジウスが、カルノーサイクルをヒントにエントロピーを発見したのが1850年です。それから約30年後、オーストリアのウィーン生まれの物理学者**ルートヴィッヒ・ボルツマン**（Ludwig Boltzmann／1844-1906）は、**エントロピーを原子、分子の取り得るエネルギー分布の仕方であるとして統計的に定義しなおしました**。次ページに、クラウジウスとボルツマンのエントロピーの式を載せました。2つの式は、まるで違うようにも見えますが、どちらもきちんとエントロピーを表しています。

ボルツマンに起こった悲劇

　ボルツマンの式にある「k」は、下記に示したボルツマン定数と呼ばれる、とても小さな数字です。具体的には、$k=1.38×10^{-23}$〔J/K〕です。

　大文字の「W」は、分子の取り得る状態数を表し、「log（ログ）」は対数と呼ばれる関数です。対数については56ページから説明します。

　ボルツマンがエントロピーの式を示した当時は、原子、分子の存在を否定するマッハをはじめとする物理学者の批判に遭遇します。

　学会で孤立したボルツマンは、精神的に追い込まれます。1906年、ボルツマンは妻と15歳の娘とともに療養のためイタリアの海辺の保養地ドゥイーノを訪れました。しかし、9月5日、海水浴から戻った娘は、ホテルの部屋で首を吊って息絶えた父を発見することとなりました。

　悔やまれることに、前年の1905年には理論物理学者の**アルバート・アインシュタイン（Albert Einstein／1879-1955）がブラウン運動に関する論文を発表して分子の実在を理論的に証明していました**。ボルツマンがこの論文に注目していれば、自死を選ぶことはなかったと思われます。

ふたりの天才物理学者のエントロピー

■ クラウジウスのエントロピー　$S = \dfrac{Q}{T}$

■ ボルツマンのエントロピー　$S = k\log W$

ルートヴィッヒ・
エードゥアルト・ボルツマン
（Ludwig Eduard Boltzmann）

オーストリア・ウィーン出身の物理
学者、哲学者でウィーン大学教授

ウィーンの中央墓地にあるボルツマンの
墓石には「S = klogW」が刻まれている。

写真：Wikimedia Commons（Daderot/
CC-BY-SA 3.0）

いち早く、
分子の運動を想像して、
エントロピーの解釈を
深めていったのか……

エントロピーの
増大は分子運動の
確率的性質による
ことを明らかに
したんじゃ

累乗を使って表現する
——大きな数、小さな数を表すための便利な方法

　前項で、ボルツマン定数「$k = 1.38 \times 10^{-23}$〔J/K〕」を示しましたが、このなかの「10^{-23}」という数字がわかりにくかったかもしれません。ここで説明しておきましょう。

　物理では非常に大きい数や、逆に非常に小さい数が現れます。例えば、光の速さ約300000000m/s（３億 m 毎秒）や、ダイアモンドの材料である炭素原子１個の質量0.00000000000000000000002g（０が23個）などです。

肩に数字を乗せて表現をコンパクトに

　このように「０」がたくさん並ぶ数字は、読むのも書くのも大変です。そこで、10×10のように同じ数字の掛け算を10^2と表し、この表現方法を「**累乗**」といいます。例えば、10の肩に乗る数字が２なら、10を２回掛けた数字であることを表します。10×10×10ならば10^3となります。

　では、10^0はいくらでしょう？　10^3、10^2、10^1と10で割りながら順を追うと100は、10を10で割ることになるので１となります。

　さらに、10^0を10で割ると、肩の数字は１減り、$10^{-1} = 0.1$となります。**このようにして小さな数を表す場合も、累乗で表現できます**。例えば、0.0001（０が４つ）ならば10^{-4}のように０の数と肩の数字が同じになるようにマイナスをつけて表します。

　以上のことから、先ほど述べた光の速さ「約300000000m/s」は、０が８個並んでいるので、「3×10^8m/s」と表現できます。

　また、炭素原子１個の質量「0.00000000000000000000002g」は、０が23個並ぶ小さな数なので、「2×10^{-23}g」というふうにコンパクトに表現することができます。

大きな数や小さな数の表しかた

■光の速さ 約300000000m/s（0が8個）……3×10^8m/s

■ダイアモンドを作る炭素原子1個の質量

0.00000000000000000000002g（0が23個）

……2×10^{-23}g

塁乗の計算例

$10 \times 10 \times 10 = 10^3 = 1000$（0が3個）

$10 \times 10 = 10^2 = 100$（0が2個）

$10 = 10^1 = 10$（0が1個）

$10^0 = 1$（0が0個）

$10^{-1} = 0.1 = \dfrac{1}{10}$（0が1個）

$10^{-2} = 0.01 = \dfrac{1}{100}$（0が2個）

÷10
÷10
÷10
÷10
÷10

中学1年生のときに習った人も多いはず

右肩に乗った小さい数は「指数」と呼びましたね

log（ログ）って何？
──計算をらくにするために対数を使う

　ボルツマンの定義したエントロピー「S＝klogW」には、log（ログ）が使われています。この log を最初に考え出したのが、スコットランドの貴族ジョン・ネイピア（John Napier ／ 1550-1617）です。**大きな数字の掛け算は、この log を利用すると、計算がらくになる**ことを発見したのです。log は、本書でもこれからちょくちょく登場してくることになります。そこで、この項では、ログとは何かを説明します。

対数を使えば複雑な数値を使わずに済む

　まず、次ページの①にある x の方程式の解を考えてみましょう。右辺は、前項で説明した x の**累乗**で表現されています。これは、10を何回掛け算すると100になるのか？　という問題ですね。もちろん、10×10＝100ですから、x＝2となります。

　では、②はどうでしょう？　前項で説明した通り、10の0乗は1ですので、10の x 乗が1となる場合では、x は0となります。

　次の③は、ちょっと困ります。99は、あとちょっとで100なのに……。

　100なら x＝2だから2よりもちょっと小さいだろうと想像できますが、複雑な数値です。そんな場合に log を使って④のように表すとよいのです。「x ＝」に続く「log」を**対数**、「log」に続く小さい字で書いた数字「10」を**底（てい）**と呼びます。読みかたは「10を底とするログ99」です。**こうすれば複雑な数値を使わずに済みます**。

　なお、スマホの電卓機能で、log の計算ができる場合があります。それで「$\log_{10} 99$」と入力すると、「1.9956……」と出てきます。これは「99は、10の1.9956乗」であることを表しています。

logを使えば計算はらくらく

x はいくらでしょうか？

① $10^x = 100$　　$x = 2$

② $10^x = 1$　　$x = 0$

③ $10^x = 99$

logを用いて、$x = \log_{10}99$　……④

①～②の x はlogを用いて次のように表すことができる。

① $x = \log_{10}100 = \log_{10}10^2 = 2$

② $x = \log_{10}1 = \log_{10}10^0 = 0$

ちなみに、$\log_{10}10$のように、底の数字10、logの数字10のように、
数字が一致した場合は 1 となる。
また、log内の数字に乗っている数字は肩から降ろすことができる。

対数logの考案者ジョン・ネイピア（1550～1617）

数学者、物理学者、天文学者、占星術師としても知られる

ネイピアが生きた
のは大航海時代。
対数は、航路の計算の
ために考え出された

のちの世でも、天体の
軌道計算などに使われ、
科学の発展を支えた
計算法じゃ

掛け算を足し算で表す
──log のなかにある掛け算は log 同士の足し算に

　log（対数）の最大のメリットは、掛け算を足し算に変えることができることです。先に結論をいってしまうと、次ページの①の関係が成り立ちます。つまり、「logAB」は、「logA」と「logB」の足し算に等しいことを表しています。

　log のなかにある掛け算は、log 同士の足し算にできるのです。しかも、**どんな掛け算でも log に入れると足し算に変換できるので、これがなかなか便利**なのです。

電卓も使って計算をショートカット

　例えば、2×2 はいくらか問われれば、4 と即答できます。では、2 をかける操作を30回繰り返すと、いくらですか？　2、4、8、16、32……と倍々で数えていってもよいのですが、とんでもなく大きな数字になることがわかります。

　ここで、計算を簡単にするために、log を使ってみましょう。$\log_{10}$ に、2×2×……×2（30個続く）を入れるわけですが、これはつまり、前述した log のなかにある掛け算は **log 同士の足し算にできるルールに従えば、次ページの②のように $\log_{10}2$ の30個の足し算になります**。さらに、電卓で $\log_{10}2$ を入力すると、0.301が現れます。

　0.301を30回足すわけですから、9.03となります。9.03は、10の累乗（10の肩に乗る数字）です。そして、$10^{9.03}$ は10億よりもちょっと大きな数字になります。

　つまり、2 を30回掛けると、10億よりもちょっと大きな数字になるということがわかります。

log のなかにある掛け算を log 同士の足し算に

$$\log AB = \log A + \log B \quad \cdots\cdots ①$$

（logAB＝logA＋logBの証明）

例えば、$A = 10^a$、$B = 10^b$とし、
logABを計算すると次のようになる。

$$\log AB = \log 10^a \times 10^b = \log 10^{a+b} = a+b$$

一方、logA、logBをそれぞれ計算する。

$$\log A = \log 10^a = a$$
$$\log B = \log 10^b = b$$
$$\log A + \log B = a+b$$

つまり、「$\log AB = \log A + \log B$」であることがわかる。

$\log_{10} 2 = 0.301$とする。

$$\log_{10} 2 \times 2 \times \cdots \times 2$$
$$= \log_{10} 2 + \log_{10} 2 + \cdots + \log_{10} 2 \quad \cdots\cdots ②$$
$$= 0.301 \times 30 = 9.03$$

つまり$2^{30} = 10^{9.03}$となる。

$10^9 = 10$億なので、$2^{30} = 10^{9.03}$は10億よりちょっと
大きな数字であることがわかる！

面倒な式を使わなくても、
天文学的数値の
計算ができますね

便利じゃのう

logを使って
エントロピーを計算
――2つの部屋の気体分子のエントロピーは？

18ページで登場した2つの部屋の気体分子が、右か左にいる**状態数**（取り得る場合の数のことで、記号はW）を、もう一度考えてみましょう。

例えば、サイコロならば「1」から「6」までの目がありますので、状態数Wは6となるわけです。

1つの分子の状態が、左の部屋か右の部屋にいる2つの状態を考えます。

仕切り板が閉じており、分子が左の部屋から動かなければ、状態数Wは1です。**仕切り板を外し、左右に自由に動ければ状態数Wは2となります。**

この状態数Wに対して、エントロピーを次ページの①のようにlogを用いて表します。

エントロピーをlogWと表現して足し算に

分子が左の部屋にとどまる状態数W＝1に対するエントロピーは0となります。左右に自由に動ける状態数W＝2に対するエントロピーはlog2となり、仕切り板を外すことでエントロピーは増大したことがわかります。

分子1と分子2が、左右に自由に動ける状態数は、それぞれの分子の状態数2の掛け算2×2となり、エントロピーはlogに2×2を代入するとlogのなかにある掛け算は、ログ同士の足し算にできるので、エントロピーはlog2＋log2となります。

つまり、**状態数Wが掛け算で計算できるのに対して、エントロピーをlogWと表現することにより、足し算で計算できる**のです。

もし、分子数がN個ならば、状態数Wは2×2×……×2と、N回掛け算した値となり、エントロピーはlog2＋log2＋……＋log2と、N回の足し算した値となります。

60

logを使うとエントロピー計算もわかりやすい

状態数Wに対するエントロピー＝logW　……①

分子1個

	状態数	エントロピー
左(L)　右(R)	W = 1	log 1 = 0
	W = 2	log2

分子が左の部屋から動かなければ、状態数Wは1、エントロピーは

$\log 1 = 0$

分子が左右に動ければ状態数Wは2、エントロピーは

$\log 2$

分子2個

	状態数	エントロピー
左(L)　右(R)	W = 1	log 1 = 0
	W = 2^2	$\log 2^2 = 2\log 2$ $= \log 2 + \log 2$ (分子1)　(分子2)

2つの分子が左右に自由に動ければ、状態数Wは2×2で、エントロピーは

$\log 2 + \log 2 = 2\log 2$

分子N個

	状態数	エントロピー
左(L)　右(R)	W = 1	log 1 = 0
	W = 2^N	$\log 2^N = N\log 2$

分子数がN個ならば、状態数W＝2^N、エントロピーは

$\log 2^N = N\log 2$

分子の数が増えるほど
エントロピーが
増大しています

とても簡潔な式で、
わかりやすいのう

logWとエントロピーが
対応している理由
――再び、高温物体と低温物体の移動で考える

　前項では、エントロピーを状態数 W で表しましたが、ここでは、なぜ log で定義したのかを考えましょう。

　48ページのお茶と氷水では、**高温物体と低温物体を接触させると高温物体から低温物体に熱が移動しました**。そして、この場合のエントロピーの合計は、お茶と氷水それぞれの物体が得たエントロピーの足し算で計算できましたね。この過程を、次ページのような単純化したモデルで再考してみましょう。

クラウジウスの式とボルツマンの式

　左の部屋は N_1 個の動きが激しい高温状態の分子、右の部屋は N_2 個の動きが遅い低温状態の分子があります。一方の部屋に分子がある場合、前項で示したようにエントロピーは 0 なので、仕切り板で左右の部屋を遮断した場合、エントロピーの合計は 0（N_1 個の分子）＋ 0（N_2 個の分子）で 0 です。

　ここで、**仕切り板を外すとそれぞれの分子が左右に自由に移動して混ざり合い、最終的に左右同じ温度となります**。このとき、高温分子の状態数 W_1 は「 2 の N_1 乗」、低温分子の状態数 W_2 は「 2 の N_2 乗」、全体の状態数 W は、それぞれの**状態数の掛け算**で、次ページの①のように計算できます。

　両辺に log をとると、②のように、それぞれの値の足し算で表現できます。**エントロピーは足し算で計算する**ので、logW とエントロピーが対応していると考えることができます。

　本章の冒頭でもお伝えした 2 つのエントロピーの式を見直してみましょう。クラウジウスが定義したエントロピー Q/T と logW を完全に一致させるために、ボルツマンは定数 k（ボルツマン定数）が必要となるのです。

高温物体と低温物体のあいだのエントロピー

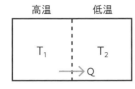

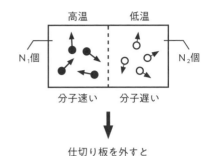

エントロピーの合計　S

高温物体：$S_1 = -\dfrac{Q}{T_1}$

低温物体：$S_2 = +\dfrac{Q}{T_2}$

$$S = S_1 + S_2 = -\dfrac{Q}{T_1} + \dfrac{Q}{T_2}$$

$T_1 > T_2$なので　$S > 0$

↓

エントロピー増大

仕切り板を外すと

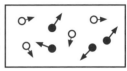

左右の分子が混ざり合い最終的に同じ温度となる

高温側の分子の状態数　$W_1 = 2^{N_1}$

低温側の分子の状態数　$W_2 = 2^{N_2}$

全体の状態数　$W = W_1 \times W_2$

$W = W_1 \times W_2$　……①（掛け算）

$\log W = \log W_1 \times W_2 = \log W_1 + \log W_2$　……②（足し算）

エントロピー$S = \dfrac{Q}{T}$と$\log W$を完全に一致させるにはボルツマン定数 k が必要となる。

ボルツマン定数 $k = 1.38 \times 10^{-23}$〔J/K〕

エントロピー$S = \dfrac{Q}{T}$　$\Leftrightarrow$　$S = k \log W$（ボルツマンのエントロピー）

この状態を熱平衡といい、エントロピーが大きい状態です

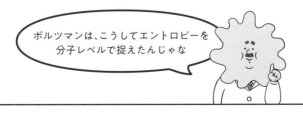

ボルツマンは、こうしてエントロピーを分子レベルで捉えたんじゃな

マックスウェルの
悪魔の登場
——エントロピー増大の法則に矛盾する思考実験

　前項の続きです。仕切り板を外した結果、動きが速い分子と動きが遅い分子が混ざり合い、左右同じ温度となった（熱平衡）とき、次ページの図ように仕切り板を開け閉めする悪魔を登場させてみるのです。

　この悪魔を提案したのは、スコットランドの理論物理学者ジェームズ・クラーク・マックスウェル（James Clerk Maxwell ／1831-1879）です。**マックスウェルは、クラウジウスの考えたエントロピー増大の法則に疑問を投げかけるため、このような悪魔を考え出した**のです。

1世紀以上学者を悩ませた悪魔

　マックスウェルの悪魔が、速い分子は左、遅い分子は右の部屋に進むように仕切り板を開け閉めしていると、左側の部屋には速い分子が集まって温度が高い状態となり、右側の部屋には遅い分子が集まって温度が低い状態になります。つまり、**左右同じ温度の熱平衡状態から左右の部屋に温度差が生まれます**。こうなるとエントロピーが減少することになり、あたかも時間の矢が未来から過去に進んだことになってしまいます。

　これは、非常に困ったことです。クラウジウスの宣言に従えばエントロピーは時間と共に増大するはずなのに、マックスウェルの悪魔によってエントロピーが減少するのは矛盾が起こっていることになります。実は、**この問題こそが、100年以上物理学者を悩ませることとなった**のです。

　悪魔が仕事すると熱エネルギーが発生するので、この熱エネルギーを含めると矛盾は起こらないと考えた人もいましたが、熱エネルギーが伴わなくても仕事が成り立つことがわかり、なかなか悪魔を葬ることができなかったのです。この話は第4章まで続くことになります。

エントロピー増大に立ちはだかる悪魔

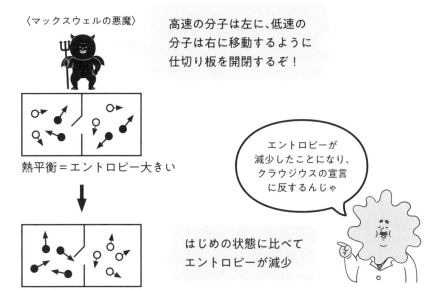

〈マックスウェルの悪魔〉

高速の分子は左に、低速の
分子は右に移動するように
仕切り板を開閉するぞ！

熱平衡＝エントロピー大きい

エントロピーが
減少したことになり、
クラウジウスの宣言
に反するんじゃ

はじめの状態に比べて
エントロピーが減少

左右に温度差＝エントロピー小さい

ジェームズ・クラーク・マックスウェル（1831-1879）。
電磁気学をマクスウェルの方程式という、4つの式にま
とめ上げ、電磁波の存在を理論的に予想する。スマホが
電波で送受信できるのはすべて彼のおかげだといえる。

悪魔の問題を
どうやって解決
するんだろう？

エネルギーの分布と エントロピー

——すべてに平等に行きわたる確率は絶望的に低い

ボルツマンが生きた20世紀初頭は、まだ、物質に原子や分子という構成単位が存在するという説は疑わしいと考えられていました。それでも**ボルツマンは、原子論の考えかたを推し進め、分子がどのような「エネルギーの分布」になるかを導き出しました**。この項から、分布について説明していきますが、まずは身近な例で感じをつかんでいただきましょう。

預金の分布はエントロピー増大の法則に従う

表１のグラフは、総務省統計局による２人以上の世帯の貯蓄額の分布です。100万未満の世帯が最も多く、貯蓄額が増えるに従って世帯数が単調に減少しています。一見、不公平に感じる分布ですが、実はエントロピー増大の法則に従っています。

例として、「A」〜「G」の７人に、７個のミカンを分けるため、平等な確率でやり取りがあったとします。

１人１個ずつ受け取るのが平等と思えますが、この状態数 W は次ページの表２にあるように、１通りしかありませんので起こる確率でいえば、最小となります。一方、１人が７個のミカンを総取りするのはズルいことですが、この状態数は７通りあり、１人１個ずつよりも７倍高い確率で起こります。

表２は、ミカンの個数分布と状態数 W の数を表したものです。表を見てわかるように、**１人が３個、１人が２個、２人が１個ずつ、３人が０個の状態数が420通りで最も起こりやすいです**。

この世の状態は、最も起こりやすい方向に向かうのがエントロピー増大の法則ですから、少数の人間が富を握り、大多数（筆者も含む）の人がカツカツになるこの社会は、物理的には当たり前なのかもしれません。

エネルギーはどのように分布するのか？

表1・貯蓄現在高階級別世帯分布（2人以上の世帯、2019年）

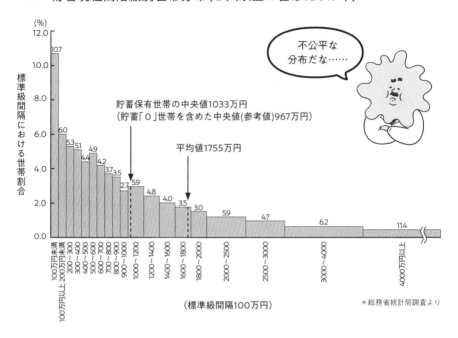

貯蓄保有世帯の中央値1033万円
（貯蓄「0」世帯を含めた中央値(参考値)967万円）

平均値1755万円

不公平な分布だな……

（標準級間隔100万円）

＊総務省統計局調査より

表2・7人に7個のミカンを分ける方法

A	B	C	D	E	F	G	W（状態数）
1	1	1	1	1	1	1	1
7	0	0	0	0	0	0	7
6	1	0	0	0	0	0	42
5	2	0	0	0	0	0	42
4	3	0	0	0	0	0	42
5	1	1	0	0	0	0	105
4	2	1	0	0	0	0	210
3	2	2	0	0	0	0	105
4	1	1	1	0	0	0	80
3	2	1	1	0	0	0	420
2	2	2	1	0	0	0	80
2	2	1	1	1	0	0	210
2	1	1	1	1	1	0	42

Aが7個、Bが7個……Gが7個の組み合わせで7通り

平等や均一は、物理的に考えれば奇跡みたいなものなのか……

最も起こりやすい！

エネルギーは
とびとびの値で数える
—— エネルギーもミカンのように１、２、３……と数える

　光や電子、原子の持つエネルギーは、連続的ではなく、ある最小単位の整数倍、つまり、とびとびの値を持つことがわかっています。この最小単位を**量子**といいます。エネルギーが、とびとびの値であることをはじめて示したのは、アインシュタインです。

　金属の表面に光をあてると電子が飛び出すという現象は、**光電効果**として19世紀末に発見されました。これは、**光のエネルギーが金属内の電子に与えられ、運動エネルギーを得て飛び出す現象です。**

　ところが、光を波と考えると、どうしても説明できない矛盾が生まれるのです。光の振動数（１秒あたりの往復回数）が小さいと、どんなに強さ（明るさ）を大きくしても光電効果が起こらないのです。

　光が波ならば、振動数が小さくても強さを増やせば光のエネルギーも増えるので、電子が出そうですが、そうはならないのです。

光は粒の流れである

　そこでアインシュタインは、光を粒の流れと考え、粒１つ１つを光子（または光量子）と名づけます。振動数が f〔Hz（ヘルツ）〕の光の場合、光子１つのエネルギー E を、$E = hf$〔J（ジュール）〕であると考えれば、うまく説明ができると見抜いたのです。

　ミカンが１個、２個……と数えられるように、エネルギーも１、２、３……と数えることができるのです。さらに、**光に限らず、電子や原子のような粒子の持つエネルギーもとびとびの値を取る**ことがわかりました。

　その後、この考えが光電効果をうまく説明できることがわかり、アインシュタインはノーベル物理学賞を受賞しました。

光は粒の流れでないと光電効果が説明できない

■ 光電効果

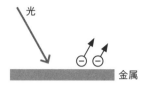

光電効果は、太陽光発電などの動作原理として使われています

光電効果は、金属に光を照射すると電子が飛び出す現象で、19世紀末に発見された

光子がエネルギーを持っていると考えるんじゃ

光電効果は、光を波と考えると説明できない現象で、アインシュタインは光を粒子の流れと考えた

アインシュタインはこの粒子を光子（または光量子）と名づけ、この考えが光電効果をうまく説明できることをつきとめた。

光子のエネルギー＝hf (振動数)

hは6.6×10^{-34} J·s（ジュール秒）という、とんでもなく小さな数字でプランク定数という。
光が波動性、粒子性の両方兼ね備えた2重性を持つという奇妙な考えかたが量子力学という新しい学問のはじまりとなった。

ボルツマン分布と
マックスウェル・ボルツマン分布
──分子のエネルギーはどのように分配されるか

　ボルツマンは、気体分子のエネルギーの合計（内部エネルギー）が決まっている場合、1つ1つの気体分子にどのように分配されるか考えました。

　話を単純化するため、気体の内部エネルギーを10000〔J〕とし、分子の数を10000個とします。前項で説明した通り、気体分子のエネルギーもとびとびの値を持っています。とびとびのエネルギー値が低い順番に「E_1」「E_2」「E_3」……と表し、1〔J〕刻みとします。

　10000個の分子に10000〔J〕のエネルギーがどのように分配されるのかを考えるわけですが、これは、7個のミカンを7人で分ける場合に起こり得る最も大きい確率（エントロピーが最大となる分布）を考えるのと同様です。**ミカンの配分と同様に、エネルギーが0となる分子の存在確率が最も高く、エネルギーが大きい分子の存在確率は、次第に減少していきます。**その分布は、グラフで表すと次ページの上のような形になります。このエネルギー分布を**ボルツマン分布**といいます。

実際の分子数とエネルギーの関係

　一方、下の図のように、縦軸に分子数（割合）、横軸にエネルギーをとって表してみると、エネルギーが0の分子数は0個で、エネルギーが増加すると分子の数も増加し、ピークを過ぎると減少して0に近づくという、釣り鐘形のグラフとなります。

　この分布を**マックスウェル・ボルツマン分布**といいますが、なぜ、ボルツマン分布の形にならずこのような釣鐘形のグラフとなるのでしょうか？次項で考えましょう。ちなみに、「マックスウェル」は、64ページで登場したマックスウェルの悪魔の提唱者のことです。

分子の数とエネルギーの分布

分子のエネルギーがどのように配分されるかを表すグラフがボルツマン分布。縦軸は存在確率、横軸は分子1個のエネルギー。

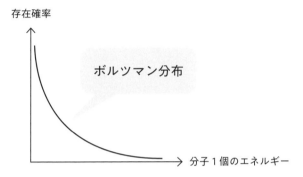

実際の分子数とエネルギーの関係は次のようなマックスウェル・ボルツマン分布となります。

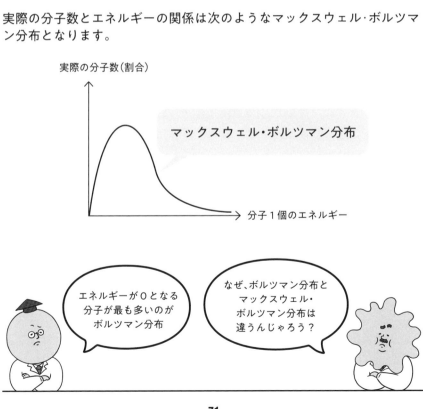

年収分布と婚姻率を例に考える

——年収が多いほど既婚者が多いとは限らない理由

　前項で登場したマックスウェル・ボルツマン分布を理解するために、日本人の年収と婚姻率の関係について考えてみましょう。

　25歳～34歳の既婚男性の年収分布は、次ページの「図1」のようになります。**このグラフはマックスウェル・ボルツマン分布のように釣り鐘形となります**。結婚を決める要素は年収だけではないでしょうが、少なくとも年収が高いほど結婚できる確率が高いと仮定してもよさそうです。

　それならば年収が多いほど既婚者数が多いのだろう、と勘違いしそうになります。しかし、このグラフは2つの要素を考える必要があるのです。

グラフが釣り鐘形となる2つの要素

　1つ目の要素は、**年収別の既婚率ですが、「図2」のように年収が多いほど既婚率は増加します**。やはり婚活市場では年収が多いほど人気があることがわかります。

　2つ目の要素は、年収の割合です。「図3」のように**年収200万～300万円をピークに年収の増加とともに、人数割合は単調に減少している**のがわかります。

　この2つのグラフの掛け算を考えると、年収が多いほど既婚率は上がるが、高年収の割合がどんどん少なくなるので結果的に既婚者数と年収の関係は「図1」のように釣り鐘形となるのです。

　前項で出てきた気体分子のエネルギーの分布を表すマックスウェル・ボルツマン分布も、ボルツマン分布とは別の、もう1つの要素の掛け算でできているものと考えられます。では、そのもう1つの要素とは何かについて、次項で考えましょう。

ボルツマン分布はさまざまな場面で見られる

図1・25歳～34歳の既婚男性の年収分布

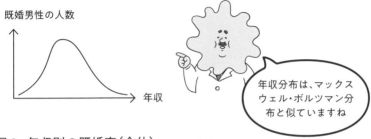

年収分布は、マックスウェル・ボルツマン分布と似ていますね

図2・年収別の既婚率（全体）　*DODA資料より

図3・年収の割合　*平成21年の厚労省調査より

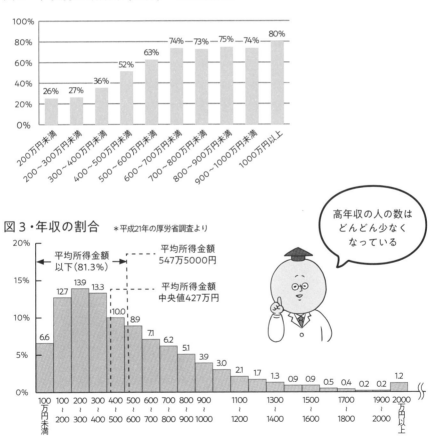

高年収の人の数はどんどん少なくなっている

マックスウェル・ボルツマン分布と分子の速さ

——分子の速さが速いほど、存在確率が大きくなる

　ここではマックスウェル・ボルツマン分布が釣り鐘形のグラフになる理由を考えます。

　結論を先に述べると、エネルギーが大きいほど分子の存在確率は次第に減少するボルツマン分布とは全く別の要素が掛け算されたためです。

　その別の要素とは、「分子の速さが速いほど、存在確率が大きくなる」ということです。

　次ページの上のグラフのように、1つの分子が2次元の平面を速さ v で運動していたとします。左右に x 軸、上下に y 軸を与え、分子の速さ v を「v_x」「v_y」の2方向に分解すると、①の式の形に表せます。ここには、三平方の定理が成り立ちます。

速さ v が大きいほど存在確率が増える

　実際の分子は3次元空間を運動するので、Z 成分「v_z」が加わって②の式が成り立ちます。

　仮に「v^2」「v_x^2」「v_y^2」「v_z^2」が、0、1、2、3……のような整数のみが許されると仮定します。

　v^2 が「1」の場合、「v_x^2、v_y^2、v_z^2」の組み合わせは「1、0、0」「0、1、0」「0、0、1」の3通りですが、v^2 が「2」の場合のそれらの組み合わせは「2、0、0」「0、2、0」「0、0、2」「1、1、0」「1、0、1」「0、1、1」の6通りに増えます。つまり、**速さ v が大きいほど組み合わせの数が増えるので、存在する確率が増加します。**

　ボルツマン分布と分子の速さに対する存在確率の掛け算を考えることで、マックスウェル・ボルツマン分布の釣り鐘形の分布が生まれるのです。

なぜ釣り鐘形になるのか？

2次元の場合

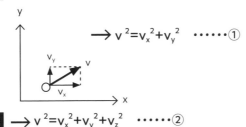

$$v^2 = v_x{}^2 + v_y{}^2 \quad \cdots\cdots ①$$

3次元の場合 $\longrightarrow$ $v^2 = v_x{}^2 + v_y{}^2 + v_z{}^2 \quad \cdots\cdots ②$

分子の速さに対する存在確率の掛け算を考えると…

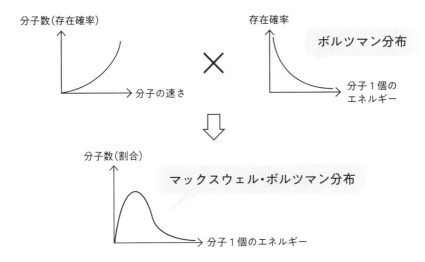

釣り鐘形の分布が生まれる！

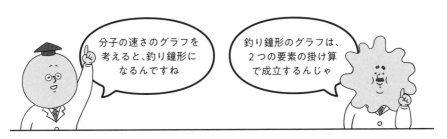

素粒子はタイムトラベルできるが、人間は……

反粒子が通常の粒子と出会うと両者は消滅（対消滅）し、光エネルギーに変換されます。『テネット』では、時間の順行・逆行状態で直接自分と接触すると、お互いが対消滅するので注意せよと登場人物がアドバイスされる場面があります。時間を逆行する自分は、まさに反自分（？）なので接触は危険ということです。

対消滅とは逆の現象があります。空間に高エネルギーの光を与えると条件次第で電子と陽電子が生まれる場合があり、これを対生成といいます。下左図では点「A」で電子と陽電子が対生成した後に、点「B」で陽電子と電子が出合っ

て対消滅しています。前コラムで示したように、「A」から「B」（過去から未来）に向かう陽電子は、「B」から「A」（未来から過去）に向かう電子に置き換えることができます。すると、右図のように1つの電子が「B」で光を放出後、時間を逆行し「A」で光を受け、未来に向かう現象とみることができます。つまり、1つの電子が未来→過去→未来と辿ることになるのです。

電子のような素粒子ではタイムトラベルは実現可能のようです。しかし、人間に同じような原理をあてはめるのは難しいでしょう。

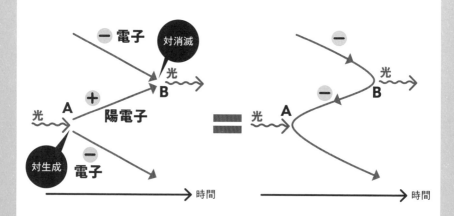

第 **4** 章

情報と
エントロピー

情報量の単位を表す「ビット」

──シャノンのひらめきが世界の情報を変えた

この章では、情報とエントロピーの関係を説明します。主人公は情報理論の父と呼ばれるアメリカの電気工学者・数学者のクロード・シャノン（Claude Shannon／1916-2001）です。

シャノンは、情報を0と1の2値のみで表す方法を考え、**ビット（bit）**という単語を世界ではじめて用いています。さらに、それまで曖昧な概念であった「情報」を、物理用語であるエントロピーの概念を導入することで数学的に再定義し、**どんな情報もビットに変換してから送受信を行なうという効率のよい通信理論を私たちにもたらした**のです。

ビットを理解していこう

まず、数を表す方法に0、1のみを用いて表す**2進数（2進法）**があります。0か1を表す箱（装置）を仮定し、これを情報の最小単位の1ビットと呼びます。必要な箱の数がビット数と考えてください。

2通りの数字に対応するビット数が1ですが、このことを数式で表すとビット数は、底を2とする対数 log を用いて①の式のように表します。

では、ここで文字を表すために必要なビット数も考えてみましょう。仮に、この世界に「A」「B」のたった2つの文字しかなかったとします。これを2進数で表すと、次のように、1ビットですべてを表すことができます。

A＝0、B＝1

もし、「A」「B」「C」「D」の4文字ならば、「0」「1」の組み合わせで、次のように表すことができます。

A＝00、B＝01、C＝10、D＝11

つまり、4文字を表すのに箱が2個必要なので2ビットとなります。

情報の最小単位を表す「1ビット」

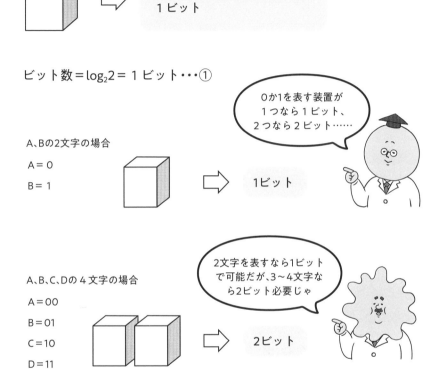

0か1を表す情報の最小単位
1ビット

ビット数＝$\log_2 2$＝1ビット・・・①

0か1を表す装置が
1つなら1ビット、
2つなら2ビット……

A、Bの2文字の場合

A＝0

B＝1

1ビット

A、B、C、Dの4文字の場合

A＝00

B＝01

C＝10

D＝11

2文字を表すなら1ビット
で可能だが、3～4文字な
ら2ビット必要じゃ

2ビット

クロード・シャノン（1916-2001）

ミシガン州生まれ。1940年、マサチューセッツ工科大学
（MIT）で数学の博士号を取得。ベル電話研究所勤務を経て、
1957年にMIT教授となる。『通信の数学的理論』（1948年発
表の論文）で情報理論を展開。熱力学におけるエントロピー
の概念を応用し、情報源に存在する不確実さの度合いを「エ
ントロピー」で表現した。

「ビット」と「バイト」は違う
──英語と日本語の情報を扱うためには何ビット必要？

　前項の続きです。2文字を表すには1ビット、4文字を表すには2ビット必要でした。では、アルファベット26文字を表すために必要なビット数（箱の数）はいくらでしょうか？

　必要なビット数をxとします。**1ビット増えるたびに2倍の文字を表すことができるので、2×2×……×2（x回の掛け算）が、アルファベットの全文字数26を超えるxを考えればよい**のです。

　このことを式で表すと、次ページの①となります。x＝4では16文字しか表現できないので足りません。x＝5では32文字となるので、アルファベットを表すためには5ビット必要であることがわかります。

　ただし、実際には、大文字、小文字、数字、スペース、ピリオドなども必要なので、英語圏では7ビットの割りあてが基本となり、これを**ASCII（アスキー）コード**といいます。

必要なビット数はどんどん膨らむ

　日本語を表すためには、さらに多くのビット数が必要となります。そこで、**バイト（Byte）という単位が登場します。1バイトは8ビット、つまり2の8乗なので、256種類の情報を扱える単位となります。**

　ただし、256種類では漢字の数を考えればとても足りません（ある漢和辞典には約5万字の漢字が掲載されています）。そこで、日本語を表すためには、2バイト（16ビット）を使って文字を表しています。2バイトは2の16乗となり、約6万5000字の情報を表すことができます。

　なお、スマホで扱う情報は文字だけではありませんので、さらに膨大なバイト数が必要になることは想像に難くないでしょう。

1 バイトは 256 種類の情報を扱える

アルファベット26文字を表すために必要なビット数を x とする。

$2^x>26$　……①　　　x は 5 以上

ビット数	表すことができるデータ量
1 ビット	2 通り
2 ビット	4 通り
5 ビット	32 通り
8 ビット	256 通り
16 ビット	6 万 5536 通り
32 ビット	約 43 億通り

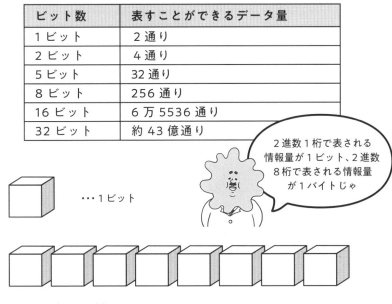

2 進数 1 桁で表される情報量が 1 ビット、2 進数 8 桁で表される情報量が 1 バイトじゃ

…1 ビット

…8ビット＝1バイト

キロバイトとメガバイト

より大きなバイト数は1,000倍を示す補助単位キロ(K)をつけてキロバイト(KB)、1,000,000倍を示す補助単位メガ(M)をつけてメガバイト(MB)といった感じで、補助単位を添えるのが一般的である。

ギガバイト (GB) は1000MBで、10億倍。テラバイト (TB) は1000GBで、1兆倍です

価値のある情報と価値のない情報
——めったにお目にかかれない話は価値が高い

　情報には、価値のある情報と価値のない情報があります。わかりやすい例でいえば、他人と話しているときに、つまらない話と面白い話がありますよね。**つまらない話は価値のない情報で、面白い話は価値のある情報といえそうです。**

　では、次の2つの話はどちらが面白いでしょうか？

　　例1：「僕は、美味しいものが好きです」
　　例2：「僕は、プロのギャンブラーです」

　例1は、「そりゃあ誰でもそうだよね」って話なので、その情報に大した価値はないように思われます。これに対して、例2はめったにお目にかかれない話なので価値が高いと考えてよさそうです（ちなみに、例2はカジノのブラックジャックで負け知らずの筆者が、ときどき使う自己紹介でもあります）。

情報の価値を数式で表す

　では、情報に価値があるのか、ないのか、どのように判断できるのでしょうか？　そんなことは個人の主観だけで決まるものではないと考える人もいるかもしれませんが、そうではないのです。

　実は、情報の価値を正確に定義したのもシャノンです。彼は、**それまで曖昧な概念だった「情報」について数式で定義して、情報についての理論（情報理論）という新たな数学的理論を創始した人物です。**

　では、シャノンは、どのように情報の価値を数式で表したのでしょうか？　ここでもまた対数 log（ログ）が登場することになります。次項で説明しましょう。

価値のある情報はどっち？？

僕は美味しい
ものが好きです

みんなそうでしょ。
当たり前じゃ

僕はプロの
ギャンブラーです

ほう！　珍しい

プロのギャンブラー
に出会えることって、
めったにないですよね

めったにない情報は
面白くて価値が
高いのです

情報の価値は
情報量である
——情報の価値の背景には確率がある

　シャノンは、情報の価値を**情報量**として次ページの①の式のように定義しました。**情報量の単位はビットです。この式にある「log」は既にこれまでに何度も登場した対数で、小さな数字「2」は対数の底です。「P」は事象が起こる確率を表しています。**

　例えば、コイン投げで「表」「裏」が出る確率がともに1/2である場合に「表」が出る確率Pは1/2となりますので、「コインの表が出る」という情報は、次ページの②の式のように計算すると、1ビットであるということがわかります。

　では「美味しいものが好き」の情報量は、どのように計算できますか？まず、ある人が美味しいものが好きの確率Pは、ほぼ100％です。よってP＝1を代入すると、次ページの③のように計算すると、情報量は0となり、「美味しいものが好き」は、価値がない雑音であることがわかります。

プロのギャンブラーはまれにしかいない

　では、「僕はプロのギャンブラーです」の情報はどうでしょう？　プロのギャンブラーはまれにしかいないので、仮に128人に1人の確率だったとします。この情報量は、次ページの④のように計算すると、7ビットとなります。プロのギャンブラーという情報は、情報量が大きいといえます。

　ただし、**情報の受け手によって情報量は変わる可能があることに注意する必要があります。**例えば、ラスベガスのカジノ場で「僕はプロのギャンブラーです」といったところで、周りにもギャンブラーはうじゃうじゃいるので、プロのギャンブラーである確率Pはぐっと減るので情報量は小さくなり、無価値な情報といえるでしょう。

シャノンは情報量をこのように定義した

事象が起こる確率をPとして情報量を計算

$$情報量 = \log_2 \frac{1}{P} \quad \cdots\cdots ①$$

コインの表が出る確率$P = \frac{1}{2}$、$\frac{1}{P} = 2$

$$コインの表が出る情報量 = \log_2 \frac{1}{P} = \log_2 2 = 1〔ビット〕 \quad \cdots\cdots ②$$

美味しいものが好きの確率$P = 1$、$\frac{1}{P} = 1$

$$美味しいものが好きの情報量 = \log_2 1 = 0〔ビット〕 \quad \cdots\cdots ③$$

プロのギャンブラーの確率$P = \frac{1}{128}$、$\frac{1}{P} = 128 = 2^7$

$$プロのギャンブラーの情報量 = \log_2 2^7 = 7〔ビット〕 \quad \cdots\cdots ④$$

ある出来事が
どれくらいの情報を
持つかの尺度が
情報量じゃ

確率で考えて珍しい
出来事が起これば、
情報に価値が
あるんですね

期待値って何？

──クジには買えば買うほど損をするからくりがある

　サイコロを振って出た目の数字だけドルがもらえる「くじ」（ギャンブル）があったとします。このサイコロクジが1回4ドルで売られている場合、読者の皆さんは購入しますか？

　この問いに答えるためには、**期待値**を計算する必要があります。**期待値とは、確率を考慮して得られる数字の平均値のことです**。次ページの①の式で表すことができます。

　式に登場した「Σ」は、シグマ記号といい「和」を表します。この式をもとに、サイコロクジの期待値を計算してみると、②の計算のように、このくじで得られる期待値は、3.5ドルとなります。前述したように、売値は4ドルなので、これでは、くじを買うほど損をするわけです。

ギャンブルやるならブラックジャック

　では、日本で売られている宝くじの期待値は、いくらぐらいなのでしょうか？　**計算を単純化するため1枚100円で購入したと考えた場合、実は、期待値は、たったの約45円です**。残りの約55円は法律によって国に収められ、公共事業などに使われます。冗談ですが、宝くじ売り場に並ぶ人は、国に貢献したいという志を持つ人たちであるともいえるのです。

　100円の投資に対する期待値を、返戻率といいます。宝くじの場合は、45％となります。次ページの下図で、さまざまなギャンブルにおける返戻率を掲載しました。

　カジノで行なわれるブラックジャックは、ベーシックストラテジーという戦略に従えば、返戻率は98～99％となり、日本で行なわれる競馬の75％に比べて、まともなギャンブルであることがわかります。

どんなギャンブルがおトクなのか？

期待値＝∑ 確率×得られる数字　······①

　　　　↑
　　　和を表す

1回4ドルのサイコロクジで出た目だけのドルがもらえるルール

サイコロクジの期待値＝$\dfrac{1}{6}×1+\dfrac{1}{6}×2+\dfrac{1}{6}×3+\dfrac{1}{6}×4+\dfrac{1}{6}×5+\dfrac{1}{6}×6$

　　　　　　　　　　＝3.5ドル　······②

返戻率	
宝くじ	45%
競馬、競輪等の公営ギャンブル	75%
ルーレット（ラスベガス）	94.7%
ブラックジャック（ベーシックストラテジー）	98～99%

情報エントロピーは情報量の期待値

──「答え」がどう出るかわからないドキドキ度合い

　この項からはエントロピーのお話です。情報でいう場合のエントロピーは、端的にいえば、「**答えがどちらになるかわからない度合い**」を表します。ギャンブルでいうところの、どれが当たりになるのかわからないドキドキの度合いといえるでしょう。

　シャノンは、情報エントロピーを、次ページの①の式のように定義しました。**この式は、つまり情報エントロピーは、情報量の期待値であるということを表しています**。

　これだけ見てもよくわからないかもしれませんので、コイン投げを例に、情報エントロピーを計算してみましょう。コイン投げで「表」「裏」が出る確率Ｐが、ともに1/2である場合、「表」が出る情報は、次ページの②の式で計算すると、答えは１ビットであることがわかります。

　さらに、「裏」が出る情報量も、次ページの③の式のように、「表」が出る情報量と同じ１ビットです。

情報エントロピーを計算する

　では、コイン投げの情報エントロピーを計算します。情報エントロピーは、情報量の期待値であり、それは、**「表」が出る確率×「表」が出る情報量と、「裏」が出る確率×「裏」が出る情報量の和となります**。つまり、次ページの④のように計算できますので、コイン投げの情報エントロピーは１ビットであることがわかります。

　ところで、情報エントロピーが１ビットだといわれても、ピンとこないかもしれません。次項では、偏りのある「いかさまコイン」の情報エントロピーを計算し、その意味するところの理解を深めていきましょう。

情報エントロピーは情報量の期待値

■シャノンが定義した情報エントロピー

情報エントロピー＝情報量の期待値＝ $\sum P \log_2 \dfrac{1}{P}$ 〔単位はビット〕 ……①

↑
和を表す

■コイン投げの情報量

表と裏が等確率で出る正当なコインで行なう場合

コインの表が出る情報量＝ $\log_2 \dfrac{1}{P}$ ＝ $\log_2 2$ ＝1ビット ……②

コインの裏が出る情報量＝ $\log_2 \dfrac{1}{P}$ ＝ $\log_2 2$ ＝1ビット ……③

■コイン投げの情報エントロピー

情報のエントロピー＝情報量の期待値

＝表が出る確率×表が出る情報量＋裏が出る確率×裏が出る情報量

＝ $\dfrac{1}{2} \times 1 + \dfrac{1}{2} \times 1$ ＝ 1 ビット ……④

確率半々のギャンブルは、情報エントロピーが1ビット

勝負がどちらになるかわからない度合いが大きいってことかな？

「いかさまコイン」の情報エントロピー
——先が読めると情報エントロピーが小さくなる

　前項で示したように、コインの「表」と「裏」が出る確率がともに50％である場合、情報エントロピーは1ビットでした。
　「表」の出る確率が99％で、「裏」が出る確率が1％という極端に偏りのある、いかさまに使えてしまうようなコインがあったとします（この「いかさまコイン」は、一方の面に重心が偏っている起き上がりこぼしのような構造なのでしょう）。
　このいかさまコインの情報エントロピーは、どのように計算できるでしょうか？

確率が50％から離れるにつれて

　まず、「表」が出る確率P＝0.99を情報量の式に代入し、次ページの①のように計算すると、「表」が出る情報量は、0.0145ビットとなります。
　また「裏」が出る確率P＝0.01を情報量の式に代入し、次ページの②のように計算すると「裏」が出る情報量は、6.64ビットとなります。
　いかさまコインの情報エントロピーは情報量の期待値なので、次ページの③のように0.081ビットとなります。
　つまり、**「表」と「裏」が同じ確率で出る場合の情報のエントロピーが1ビットであったのに対して、いかさまコインのエントロピーは0.081と小さいことがわかります**。
　情報エントロピーと、「表」の出る確率をグラフ化したものが、次ページの下のグラフです。確率50％のとき、情報エントロピーは最大値1ビットとなり、確率が50％から離れるに従ってエントロピーは減少していくことがわかります。

いかさまコインはエントロピーが減少する

表99%で裏1%のいかさまコインの情報エントロピーを計算

$$表が出る情報量＝\log_2 \frac{1}{P} ＝\log_2 \frac{1}{0.99} ＝0.0145ビット \quad ……①$$

$$コインの裏が出る情報量＝\log_2 \frac{1}{0.01} ＝6.64ビット \quad ……②$$

■いかさまコインの情報エントロピー

表が出る確率×表が出る情報量＋裏が出る確率×裏が出る情報量
＝0.99×0.0145＋0.01×6.64＝0.081 　……③

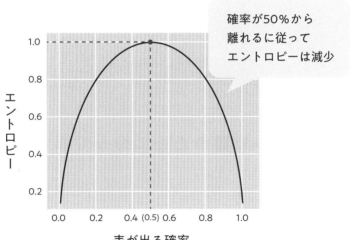

確率が50%から
離れるに従って
エントロピーは減少

偏りがある場合、
エントロピーが
小さいんですね

熱平衡のときにエン
トロピーが最大に
なるのと似とるのう

情報エントロピーを
使ってギャンブル
——勝敗五分五分の純粋なゲームは儲かるか？

この項では、ギャンブルの勝敗と情報エントロピーの関係について考えてみましょう。

コインを投げて「表」が出たら100ドルを獲得し、逆に「裏」が出たら0ドル、参加費51ドルのゲームがあるとします。

「表」「裏」が等確率50％のコインの場合、情報エントロピーは、88ページで計算した通り、1ビットで最大です。情報エントロピーが大きいほど「表」と「裏」どちらが出るかわからない状態であり、これこそ純粋なギャンブルです。

このギャンブルで得られる金額の期待値は、次ページの①の式でわかるように50ドルです。これでは、参加費51ドルは、期待値50ドルを上回り、試行回数が多いほど、どんどん負けてしまうことになります。

ギャンブルで勝つために知っておきたいこと

ところが、「表」の出る確率が変化するコインがあったとします。極端な例として、「表」が出る確率が50％から99％まで変化するとします。

確率99％はまさに前項で登場したいかさまコイン状態であり、情報エントロピーは0.081ビットと、急に減少するのでギャンブルでなくなります。なぜなら、いかさまコインで得られる金額の期待値は次ページの②式にあるように99ドルとなり、参加費51ドルをはるかに超えるからです。

このように、**確率がどんどん変化するギャンブルがあり、そのギャンブルの情報エントロピーを読むことができる能力がある人がいるとすれば、勝つことができます**。ギャンブルに勝つためには、確率変化を読むことが大事だということがわかりますね。

こんなギャンブルに挑戦しますか？

表が出たら100ドル獲得、裏が出たら 0 ドル、参加費が51ドルの
ギャンブルに参加するか？

参加費51ドルで、
期待値50ドルなら
やらないほうが
よさそうですね

■ギャンブルで得られる金額の期待値

$$\text{期待値} = \frac{1}{2} \times 100 + \frac{1}{2} \times 0 = 50 \text{ドル} \quad \cdots\cdots ①$$

■いかさまコインで得られる金額の期待値

$$0.99 \times 100 + 0.01 \times 0 = 99 \text{ドル} \quad \cdots\cdots ②$$

何らかの手段で情報エントロピーが 1 ビットより小さいと判断できれば
ギャンブルではなくなり儲けることができる。

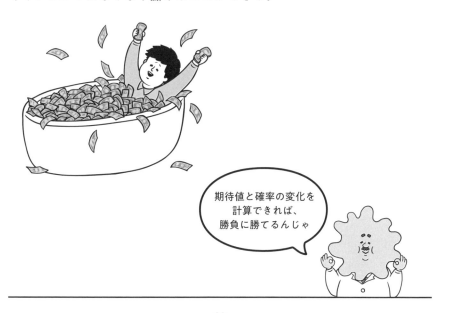

期待値と確率の変化を
計算できれば、
勝負に勝てるんじゃ

勝利の糸口は「確変」にある

──情報エントロピーが減っていくルールのギャンブル

　この項では、確率が変化するギャンブルを見てみましょう。

　次ページの図のように、黒い球が5個、黄色い球が5個入った袋から、1球取り出し、それが黒ならば100ドルが貰えて、黄色ならば何も貰えないギャンブルです。さらに、出した球は袋には戻さず、再び1球取り出すというふうに繰り返していきます。1回の参加費は51ドルで、賭けにはいつでも参加できることとします。

　さて、皆さんなら、このゲームを開始時から参加しますか？　しませんよね。なぜなら、開始時は、黄色と黒が出る確率は同じ50%、情報エントロピーは1ビットで最大だからです。**このゲームは、次にどの色が出るか、観察して予測することがとても重要なのです。**

情報エントロピーの変化を読み取れるか

　では、連続して黄色が4個出たとします。袋のなかは黒5、黄色1ですから、黒が出る確率は5/(5+1)、黄色のそれは1/(5+1)です。得られる金額の期待値は、次ページの①にあるように83.3ドルとなり、参加費を上回ります。また、ゲーム開始時の情報エントロピーは1ビットですが、この段階での情報エントロピーは、次ページの②のように0.65ビットに減少します。つまり、**現象を観察することで、情報エントロピーの変化を読み取り、ギャンブルに勝つ可能性が生まれる**のです。

　残念ながら日本には、このような都合のよいギャンブルは存在しませんが、海外にはカジノがあります。カジノには、さまざまな競技がありますが、唯一、ブラックジャックだけが情報エントロピーの計算が可能なギャンブルです。次項で見てみましょう。

確率が変化するギャンブル、勝利の可能性は

黒なら100ドル貰い、黄色なら0ドル、参加費が51ドルのゲームを考える。

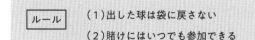

ルール
（1）出した球は袋に戻さない
（2）賭けにはいつでも参加できる

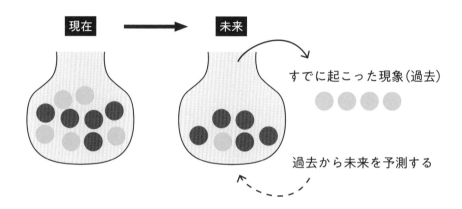

現在 　→　 未来

すでに起こった現象（過去）

過去から未来を予測する

$$金額の期待値 = 100 \times \frac{5}{5+1} + 0 \times \frac{1}{5+1} = 83.3ドル \quad \cdots\cdots ①$$

$$情報エントロピー = \frac{5}{6} \times \log_2 \frac{6}{5} + \frac{1}{6} \times \log_2 \frac{6}{1}$$

$$= \frac{5}{6} \times 0.263 + \frac{1}{6} \times 2.584$$

$$= 0.219 + 0.431$$

$$= 0.65ビット \quad \cdots\cdots ②$$

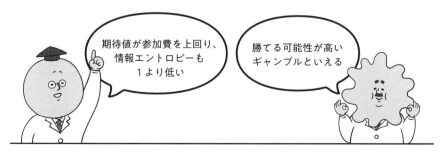

期待値が参加費を上回り、情報エントロピーも1より低い

勝てる可能性が高いギャンブルといえる

ブラックジャックって、
どんなゲーム？

──過去の結果が未来に影響を及ぼすカードゲーム

　情報エントロピーがどんどん変化し、勝利をつかむチャンスが生み出せるギャンブルが、ブラックジャックです。

　次ページの図のように、ブラックジャックのテーブルでは、チップを賭けた後、プレーヤーたちの前に2枚ずつカードが表向きに配られます。一方、ディーラーの前には、1枚は伏せ、1枚は表向きに配られます。

　ディーラーの表向きのカードをアップカードといいます。ブラックジャックとは、21という数字を表しますが、**目的は、プレーヤーのカードの合計の数字が21になるようにしながらディーラーの数字を上回る**ことです。なお、21を超えたらバーストで負けとなります。

　ただし、「J」「Q」「K」の絵札は、すべて10と数えます。「A（エース）」は、1または11と数えます。

カードを戻さないから確変が起こる

　例えば、プレーヤーのカードが「2」と「K」の場合は12となります。ディーラーは1枚伏せているので合計はわかりません。ここでプレーヤーはもう1枚引くか、引かないか選択します。

　最も大切なのは、数字を21に近づけることより、ディーラーとの勝負に勝つことです。ディーラーは、手札の合計が17以上になるまで引かなければならないルールがあります。なお、このゲームでは、シューと呼ばれる入れ物からカードが配られます。ゲームが終わると配られたカードはシューに戻さず、テーブルの隅に積み上げられます。

　シューのなかのカードの枚数はどんどん減少します。つまり、過去の結果が未来に影響を及ぼすゲームなのです。

ブラックジャックのゲームの仕組み

> **ルール** ブラックジャックのテーブルに着いて、賭けるチップを所定の位置に置く。
> すると、あなたを含めたプレーヤー(私たち)に2枚ずつカードが表向きに
> 配られ、ディーラー(胴元)の前にも1枚は伏せて1枚は表向きに配られる。
> ディーラーの表向きのカードをアップカードという。

ディーラーは、1枚伏せた状態でスタートとなる。表向きのカードを**アップカード**と呼ぶ

最初にチップを賭ける。

プレーヤーは、2枚オープンでスタートする

ブラックジャックはプレーヤーとディーラーの対戦ゲーム。プレーヤーはカードを取り替えて合計の数字を21に近づけながらディーラーの数字を上回れば勝ち。下回れば負けでチップは没収される。21を超えたらバーストで即負けとなる。

ブラックジャックは確率が変化するゲームなんじゃ

過去の結果が未来に影響を及ぼすんですね

ブラックジャックと
情報エントロピー
——勝つためには観察して、よく覚えておく

　ブラックジャックは、配られたカードから未来を予測できるゲームです。

　例えば、シューのなかに「A」や絵札を含めた「10」のカードが多く残っている場合、プレーヤー有利の予測がたてられます。

　なぜなら、最初にプレーヤーに配られる2枚のカードが、「10」と「A」で21（これがブラックジャック）ができる確率が高くなるからです。もちろん、同じ確率でディーラーにもブラックジャックができるわけですが、ゲームを進める順番はプレーヤーが先で、その後ディーラーの番が回ってくるので、**先にプレーヤーにブラックジャックができた時点で、ディーラーの手札に関係なく、プレーヤーの勝利**となります。

カードカウンティングで勝利を引き寄せる

　また、ディーラーは17までヒットしなければならないので、シュー内に絵札を含めた「10」が多いときは、21を超えてバーストする確率が高くなります。逆に、「2」「3」など、数字が小さいカードがシュー内に多く残っている場合は、ディーラーが有利です。なぜなら、17までヒットしなければならないディーラーにとっては、バーストしにくくなるからです。

　ゲームは当初の段階では、カードの数字は均等に出現します。しかし、出終わったカードが出てきて、それを覚えておくことで、シューに残っているカードの偏りを読むことができます。これを**カードカウンティングといいますが、これこそ、カードの情報エントロピーの変化を読み取ることにほかならない**のです。次ページに、カードカウンティングを使った必勝法を紹介します。ただし、あまりにも効果があるため、多くのカジノでは、こうしたカードカウンティングは禁止されています。

カードカウンティングを使って勝つ

アメリカの数学者である
エドワード・ソープ(Edward Oakley Thorp/1932-)の必勝法
この方法を利用すると返戻率は100%超える！

まず、カードに次の点数をつける。

2、3、4、5、6 ‥‥‥‥‥‥‥‥‥‥	＋1点
A および 10や絵札 ‥‥‥‥‥	－1点
7、8、9 ‥‥‥‥‥‥‥‥‥‥‥‥‥‥‥	0点

出たカードに上記の点数をつけて点数の合計を数える。

この数えることを**カウンティング**という。

また、52枚のカードの1組を1Deckと呼ぶ。1Deck当たりの数の合計は－20から＋20までの幅があるが、出たカードをカウントして**プラスが多くなればなるほどプレーヤーに有利**となり、**マイナスが多いほどディーラーに有利**となる。

カウント値によって賭けるチップを変動させる。そうすることで、試行回数が多くなればなるほど手持ち資金が増えることになる。

ちなみに、MITの学生がカウンティングを用いてラスベガスで大儲けした実話をもとに、映画『ラスベガスをぶっつぶせ』(アメリカ)が製作され、そのてんまつが描かれている。

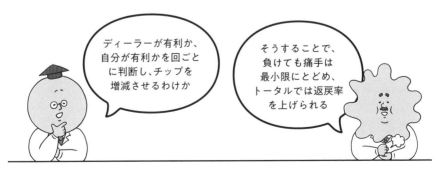

ディーラーが有利か、自分が有利かを回ごとに判断し、チップを増減させるわけか

そうすることで、負けても痛手は最小限にとどめ、トータルでは返戻率を上げられる

マックスウェルの
悪魔が死んだ
──「情報」からのアプローチで真理は守られた

　ここまでで、情報のエントロピーを理解してもらえたと思います。

　さて、ここで再び64ページで登場した**マックスウェルの悪魔**を思い出しましょう。この悪魔は、速い分子は左、遅い分子は右の部屋に進むように仕切り板を開け閉めすることで左の部屋に速い分子を集めて温度を高くし、右の部屋に遅い分子を集めて温度を低くしました。こうして、エントロピーが減少する矛盾をつくり出し、多くの物理学者を苦しめましたが、**この矛盾を解くヒント**が、情報からのアプローチだったのです。1961年、IBMで働いていたロルフ・ランダウアー（Rolf Landauer／1927-1999）は、マックスウェルの悪魔に対抗する原理を発表します。それを説明します。

「情報の消去」でエントロピーが増大する

　まず、悪魔が分子の速さを認識して仕切り板の開閉を行なうためには、分子と分子の速度を比較しなければならないので、「**情報の記憶**」が必要となります。ところが、悪魔に無限の記憶力がない限り、記憶容量を超えるので定期的に「**情報の消去**」、つまり、忘れることが必要となります。実は、「忘れる」という作業で熱が発生しますので、この熱を含めたエントロピーを考えるとトータルのエントロピーは増大することがわかったのです。

　さらに、2010年、日本の物理学者の鳥谷部祥一、沙川貴大らが開発した悪魔の再現装置による実験で、**1ビットの情報を消去するためには最低でも、「kT log 2」という数値の仕事が必要である**ことが実証されました。

　マックスウェルがこの世に生み出してから100年以上生き永らえた悪魔は、情報を含めたエントロピーを考えることで、ついに敗れました。エントロピー増大の法則は無事に守られたのです。

「忘れる」ことでエントロピーが増大する

悪魔は分子を観測した際に、情報を頭のメモリーに蓄えなくてはならない

高速の分子は右に、低速の分子は左に移動するように仕切り板を開閉するぞ！

（左）　（右）

悪魔のメモリーは、新しい情報を貯めるために前の情報を消去する必要がある。その際、エネルギーを使う

速い分子は右に、遅い分子は左に偏り、エントロピーが減少しているように見える

悪魔が情報を処理する際に使ったエネルギーを加味すれば、全体のエントロピーは増大

実際、コンピューターで使われるCPUでも、情報消去のときに熱エネルギーが発生する

＼熱が発生／

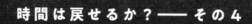
近年では、物理学の力で株価の未来を読んでいる

　もし、過去と未来を自由に行き来できれば大儲けできます。例えば、明日に行って、株価の終値情報を手に入れ、今日に戻って値上がりする株を購入すればよいのです。

　タイムトラベルはできませんが、将来の株価の変動を予想する分野があり、それをオプションといいます。これは、現在価格1000円の株を、1か月後に決まった価格（例えば、1000円）で買う（または売る）ことができる権利のことです。1か月後に株価が1500円に値上がりすると、1000円で購入する権利を行使すると500円儲かります。

　オプションの価格を決める学問を金融工学といいますが、物理学と関係しています。アメリカのアポロ計画が終了してNASAからあぶれた物理の専門家をはじめとした技術者が、金融業界に大量に流れたことがこの学問の発展に寄与しました。

　複雑なオプション価格の計算を可能にしたブラック・ショールズの方程式の理論（フィッシャー・ブラックが考案。それを発展させたマイロン・ショールズとロバート・マートンがノーベル経済学賞を受賞）は、熱の伝導についての物理学が土台となってつくられたものでした。

現在の株価 1000円	1か月後の株価 1500円	権利行使 500円ゲット！
	1か月後の株価 500円	権利放棄 利益0円

第 **5** 章

エントロピーを
人生に生かす

生物が持っている
ネゲントロピー
——新陳代謝する生物はエントロピーを減らす？

　部屋を放置するとどんどん散らかり、頑丈な建物も放置すると外壁が崩れ始め、やがて全体が崩壊します。これまで説明したように、これらはまさにエントロピー増大の法則に従った現象です。

　ところがどうでしょう。人間を含む生物は、エントロピー増大の法則に反した存在といえるのではないでしょうか？　人間なら約80年は、新陳代謝する新鮮な個体として維持することができます。**生物にはエントロピーが増大しないシステムが存在する**はずです。このことを量子力学で有名な物理学者のエルヴィン・シュレーディンガー（Erwin Schrödinger／1887-1961）は、生物は**ネゲントロピー**を得ているのだと考えました。

マイナスのエントロピーを取り込んでいる存在

　ネゲントロピーは、エントロピーに「ネガ」をつけた言葉で、マイナスのエントロピーという意味です。生物は体内で生まれたエントロピーを打ち消すために、マイナスのエントロピーを取り込んでいるというのです。

　動物ならば、食物と酸素を取り入れて排泄物、二酸化炭素、汗、体熱などの形で体外に放出しています。当然、その分だけ動物の周囲の環境では、エントロピーが増大しているはずです。

　つまり、**生物の周囲の環境がエントロピー増大を受け持ってくれるおかげで、生物自身は高度な秩序を維持することが可能となる**のです。

　しかし、なぜこの世界には生物のようなエントロピー増大の法則に逆らう集団が存在するのでしょう。皆さんはどう考えますか？

　この章では、私たちの日常生活とエントロピーがどのように関わっているのか考えていきましょう。

シュレーディンガーが考えた「ネゲントロピー」

エルヴィン・シュレーディンガー
（Erwin Schrödinger）

1887 年、オーストリアのウィーン生まれ。1906 年、
ちょうどボルツマンが自殺した年にウィーン大学に入
学。ボルツマンの後任ハーゼンエールから理論物理学
を学ぶ。波動力学を研究し、1926 年には「シュレーディ
ンガーの波動方程式」を導いた。また、統一場の理論
を研究し、生物物理学を先導。

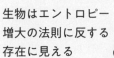

生物はエントロピー
増大の法則に反する
存在に見える

生物は、生きるため
の手段として環境か
らネゲントロピーを
絶えず摂取している

なぜ、生物は存在する
のでしょう？

生物体はエントロピー
をネゲントロピーに
よって相殺し、エント
ロピーの水準を一定に
保っているんじゃ

起業家精神で
エントロピー増大を食い止める
——人と人の間にもエントロピー増大の法則が働く

　社会生態学者と自称していたという高名な経済学者ピーター・ドラッカー（Peter Drucker／1909-2005）は、著書『テクノロジストの条件』（上田惇生編訳・ダイヤモンド社）で、「いかなる経済といえども、放置しておくならば、資本の生産性は確実に逓減に向かっていく」と述べています。

　これは、**経済活動（人の手になるあらゆる製品とサービス、制度と政策のすべて）も、エントロピー増大の法則に従う**ということでもあるのでしょう。そして、ドラッカーは、これを防ぐ唯一の方法が、起業家精神による資本の生産性の不断の向上であり、それがイノベーションであるとしています。日本の企業が世界から取り残され、30年も給料が上がらない理由を改めて考える必要があります。

　これに似たような物理現象が、磁石の劣化です。磁石は原子の磁極（N極、S極）の向きが一定にそろっていると強い磁石になりますが、それを放置すると磁極の向きがバラバラになるに従って劣化し、やがて磁石としての役目を失います。

社会は放置してはならない

　筆者は、30年以上前に高校教師をやった経験があります。教師2年目に担任を受け持ったのですが、クラスの運営の難しさを痛感しました。

　4月にしっかりと生徒たちと向き合って目標を明確にできた場合はうまくいくのですが、**こちらがそれをちょっとでも手を抜くと、生徒一人一人がバラバラの動きをし始め、教室の清掃がおざなりになり、ゴミが増え始める**のです。学級崩壊寸前までいったこともあります。まさに放置することは、エントロピーの増大をもたらすことを痛感しました。

ドラッカーが気づいた「社会のエントロピー」

ピーター・ファーディナンド・ドラッカー
（Peter Ferdinand Drucker）

1909 年、ウィーン生まれ。1931 年フランクフルト大学で法学博士号を取得。1933 年、ナチスから逃れてロンドンに移住。経営評論家となる。ロンドンの金融機関で証券アナリストなどを経て、1937 年にアメリカへ移住（1943 年に帰化）。学者兼経営コンサルタントとして活躍。企業のことを、単なる社会的単位としてでなく、自治的な社会共同体につくられる社会制度として捉えた。

教師が手を抜くとクラスのエントロピーが増大。学級がバラバラになり、乱雑度が増す

放置は停滞、衰退と同じ。不断のイノベーションが必要

学級崩壊は、エントロピー増大の法則で説明できる！

地球と宇宙の間の
エントロピー

——地球と宇宙のシステムが生物を生かしている

　地球と宇宙の間には、エネルギーとエントロピーのやり取りがあります。地球が受け取るエネルギーは、おもに太陽からの光エネルギーです。このエネルギーを受け取りっぱなしだと、地球の温度は上がる一方です。

　地球の大部分を占める海は、光エネルギーを受け取ると温度が上がり、水が蒸発し、上空で雲となります。雲からは赤外線として、宇宙にエネルギーが放出されます。雲では、水や氷が生まれ、雨や雪の形で地球に還流します。つまり、**宇宙と地球は、水の循環を通じてエネルギーのやり取りが行なわれている**のです。

宇宙にエントロピーを捨てる

　地球が宇宙から受け取るエネルギーと宇宙へ放出するエネルギーは、エネルギー保存則により同じですが、エントロピーは違います。42ページでも述べましたが、温度T〔K（ケルビン）〕の物質が、受け取ったエネルギーを Q〔J（ジュール）〕とすると、受け取るエントロピーは Q/T です。地球の温度は、少し高く見積もって約300〔K〕ですが、宇宙の温度は極めて低く、3〔K〕です。つまり、次ページの①の計算のように、**受け取るエントロピーよりも放出するエントロピーのほうが圧倒的に大きいのです。**

　地球上の生物は、宇宙にエントロピーを捨てることで、自らのエントロピーの増大に逆らって繁栄してきました。太古に誕生した植物は水と二酸化炭素を材料にして光合成を行ない、ブドウ糖と酸素を生み出し、結果として誕生することが許された動物がそれを摂取し、二酸化炭素と水を生み出してきました。やがて、人類が誕生するに至りました。

　人類誕生後、地球に何が起こったのか、次項で見てみましょう。

地球と宇宙の間にあるやり取り

地球と宇宙のエネルギーのやり取り

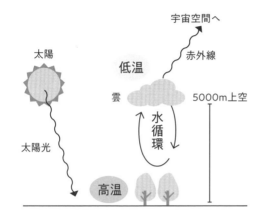

宇宙から地球に入ったエネルギーは、水循環を生み出し、やがてエネルギー保存則により、すべて宇宙空間へと放出される。

地球と宇宙のエントロピーのやり取り

地球の温度を約300〔K〕、宇宙の温度を3〔K〕、
受け取った熱エネルギーをQ〔J〕とすると

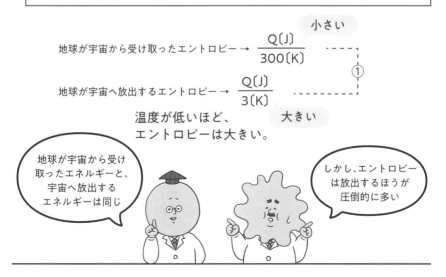

地球はエントロピーを運ぶエンジン

——地球温暖化をエントロピーの観点から考える

　前項で説明したように、地球が太陽から受け取ったエネルギーは、おもに雲から赤外線として宇宙に放出されます。ただし、大気層では赤外線の一部を受け取ることで、地球を暖かい状態に保っています。**大気層に含まれる二酸化炭素やメタンなどの気体（温室効果ガス）が、赤外線をキャッチする**のです。

　18世紀に始まった産業革命以降、人類は石油、石炭、天然ガスなどの化石燃料を大量消費するようになり、より多くの二酸化炭素を大気中に排出してきました。

　このため、大気中の温室効果ガスの濃度が上昇して、地表からの放射熱を吸収する量が増えたため、地球の気温が上がりすぎていることが明らかになりました。これを、**地球温暖化**といいます。

循環を止めると恐ろしいことに……

　ここで思い出していただきたいのが、第2章で登場した「究極のエンジン」カルノーサイクルです。カルノーサイクルの熱効率 e は、高熱源の温度 T_1 と、低熱源の温度 T_2 を用いて、次ページの①の式で表すことができました。これを応用しましょう。

　地上と上空の水循環はエントロピーを運ぶエンジンと考えることができます。まず、地上の温度を「T_1」、上空の温度を「T_2」とします。温暖化になると、上空の温度 T_2 が上昇し、地上との温度差が小さくなります。極端な例は、上空の温度と地上の温度が同じになるとします。そこで、①に $T_1 = T_2$ を代入すると、熱効率は0％となります。地球の水循環はエンジンの役目を果たさず、宇宙へのエントロピー放出が失われることになるのです。

地球温暖化メカニズムとエントロピー

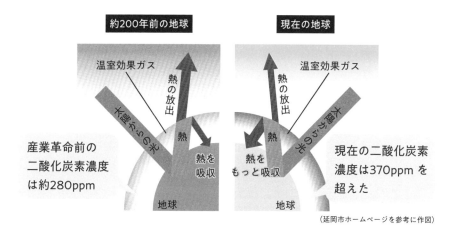

（延岡市ホームページを参考に作図）

2021 年にノーベル物理学賞を受賞した真鍋淑郎博士（米プリンストン大学上席研究員）の研究により、二酸化炭素濃度が 2 倍になると平均気温が 2.3℃上昇することが明らかになっている。

水循環をカルノーサイクルに例えてみると

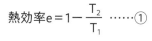

$$熱効率 e = 1 - \frac{T_2}{T_1} \quad \cdots\cdots ①$$

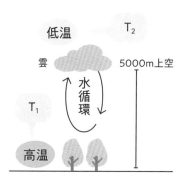

温度差が小さくなると水循環がなくなるのか！

温暖化は深刻な問題じゃ

T_1とT_2の温度差が大きいほど水循環の熱効率が高い。

ペットボトルから見える
エントロピー

——賢明なリサイクルもエントロピーで考えよう

　現在、資源のリサイクルが盛んに行なわれています。ペットボトルはわかりやすい例です。使い終わったペットボトルは、回収後、工場で圧縮して塊にします。その後、塊をほぐしてきれいに洗い、細かく粉砕してペレットをつくります。その後、熱を加えて溶かし、ペットボトルや洋服の素材をつくり出すのです。これがリサイクルです。

　廃棄されたペットボトルはエントロピーが大きく、リサイクルされた製品はエントロピーが小さいですから、リサイクルは一見、よい行ないのように思えます。しかし、**圧縮、粉砕、加熱に莫大なエネルギーが必要となります**。電気を使う場合、その供給源は発電所ですし、火力発電ならば、石油や石炭など別の資源を消費することになります。すると、そこでは、二酸化炭素や排熱などの廃棄物を生み出します。

　このリサイクルを式で表すと、次ページの①のようになります。

リサイクルするなら少ない手順で

　つまり、リサイクルは、そのために使用する資源を含めたエントロピーを考える必要があります。残念ながら**リサイクルの作業手順が多くなるほど全体のエントロピーが増大する**ことになります。

　そもそもペットボトルは、便利さを追求した結果、生み出された産物です。昔ながらのガラス瓶で飲料水を飲み、牛乳の宅配のように空き瓶を回収、洗浄、再利用する過程ならば、ペットボトルのリサイクルよりもずっと排出するエントロピーは小さくなります。結局、エントロピー増大の法則に逆らうことはできないのですから、リサイクルをするなら、なるべく手順を減らし、エントロピー増大の時間を抑えることが賢明です。

ペットボトルのリサイクルを考え直す

ペットボトルのリサイクル手順

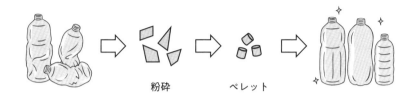

粉砕　　　　　ペレット

リサイクル製品ができるまでに圧縮、粉砕、加熱などエネルギーが必要。そこでは、石油などの別の資源を使い、二酸化炭素や排熱などの別の廃棄物が生まれる。

廃棄物　　　　　　　　　別の廃棄物

資源　　　　　　　　　　別の資源

↓式にすると……

廃棄ペットボトル＋石油、石炭資源
　　　　　＝新品ペットボトル＋二酸化炭素、排熱　……①
　　　　　→高エントロピーを排出することに

リサイクルも高エントロピーを排出することか。つまり、地球は破滅する？

リサイクルに使用する資源を含めて考える必要がある

快適な住宅を
エントロピーで考える
——熱の移動があるとエントロピーが増大する

　建物の壁には断熱材があるのに、なぜ、部屋のなかでも夏は暑く、冬は寒くなるのかと以前から疑問に思っていました。完全な断熱材であれば、室内と外気の間に熱の移動がないはずです。48ページで登場したお茶と氷水を接触させた場合と同様、熱の移動があると全体のエントロピーが増大しますので、**住宅の温度調節にはなるべく無駄なエネルギーを使わず、エントロピーの増大を避ける**ことが望ましいのです。

　筆者は、引っ越し貧乏なのですが、11回目の某有名マンションへの引っ越しで驚きました。室内の温度が、外気温にあまり左右されないのです。調べると建物の外が断熱材で覆われた**外断熱**だったのです。日本の多くの建物は断熱材が建材の内側にあり（内断熱）、鉄筋コンクリート造りの建物でも、柱や梁の部分に断熱材は入っていないことが多いのです。

暑すぎず寒すぎない「究極のエコ住宅」

　鉄筋コンクリート造りの建物に、夏の日差しが当たるケースを考えてみましょう。**外断熱では、日光は断熱材に当たるのでコンクリートに熱は伝わりません**。ところが、内断熱の場合、日光が直接コンクリートに当たり、温度が上がります。すると、断熱材がない柱などから熱が伝わり、室内が暖められるのです。そこで、室内の温度を下げるため、エアコンで内部の熱を外に放出します。これには当然、エネルギーが消費されます。

　欧米では外断熱が主流ですが、日本では外断熱の普及率は僅か1％です。原子力発電に依存するかどうかのエネルギー問題について、労力をかけて議論する前に、もっと根本的にできることがあるのではないでしょうか。

　そこで、筆者は次ページのような「究極のエコ住宅」を考えてみました。

快適住居のためのエネルギー問題

2種類の壁の断熱

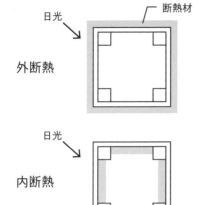

外断熱

断熱材が輻射熱と伝導熱を遮る。コンクリートは、室内の温度と熱平衡となる

内断熱

日光がコンクリートに直接当たると輻射熱によって温度が上昇。伝導によって室内の温度が上昇

エネルギーを賢く扱う「究極の住宅」

① 断熱材で建物を覆う外断熱とし、熱の伝導性を遮る

② 居住面積を可能な限り狭くし、外部からの影響を少なくする

③ 北向きと南向きの窓を設置。夏は北の窓を通して室内の熱を外に出す。冬は南側の窓から太陽光を取り入れ、室内温度を上げる

④ 土間を復活させる。土は熱伝導性が高いので、夏は室内の熱を土に逃がせる。ただし、冬は土に熱が奪われるので、開閉できる断熱材をつけ、室内と土間の接触面積を可変とする

⑤ 太陽光発電でエネルギーを生み出す

究極の住宅に住みたいですね！

地球のエントロピー増大を抑えるための基本じゃ

整理整頓を 物理学的に考える

——配置の数が多くなるほどエントロピーは増大

　筆者は、散らかり放題の自分の部屋を綺麗にする方法はないかと、いつも考えています。そこで、**部屋の散らかり度合いを数式で表すことを考えました**。まず、部屋を次ページの図のように、縦10行×横10列の100マスの区間に分けます。マスの位置は、縦の行なら漢数字の（一、二、三……）、横の列はアラビア数字の（1、2、3……）で表します。将棋の駒の位置を表すのに似ています。また、将棋の駒位置と同様に、鉛筆、ハサミ……の位置を「3二鉛筆」というように表します。

　図では、「1一」に鉛筆、「2一」にハサミ、「3一」にパソコン、「4一」に本、「5一」に携帯電話、「6一」に手紙、「7一」に時計がありますが、鉛筆だけが1列の位置を自由に移動できるとします。この鉛筆の1列上での配置方法の数を「W」で表すと、Wは10です。ここで、いままでと同様にエントロピーを、対数 log を用いて、次ページの①のように定義します。**式により、配置の数 W が多くなるほど、エントロピーは増えるので、部屋が散らかることになります**。鉛筆が、1列の位置を自由に移動できる場合は、次ページの②のように、エントロピーは1となります。

物を固定してしまえばいいのだが……

　もし、鉛筆を10×10のどのマスにも置いてよいのなら、配置の数 W は、10×10で100通りとなります。この場合、次ページの③のようにエントロピーは2となり、1列のみ移動するエントロピー1より増大します。

　もし、**「1一」に鉛筆が接着剤などで固定されている場合、配置数 W は1なので、次ページの④のように、エントロピーは0となります**。このことから、物の置き場所を決めることは、とても大切であることがわかります。

部屋の散らかり度合いをどうみるか？

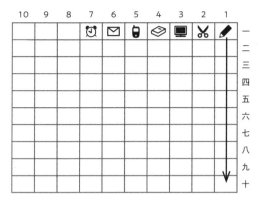

縛りを設けることが大切ですね

鉛筆が1列を移動できるなら、配置の数Wは10通り。

配置数のエントロピー　$\log_{10} W$　……①

鉛筆が1列の位置を自由に移動するエントロピー　$\log_{10} 10 = 1$　……②

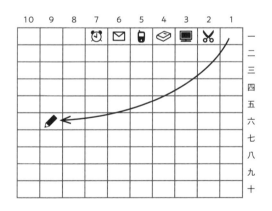

物たちは散らかろうとしておるからのう

鉛筆をどこに置いてもよいのなら、配置方法は10×10で100通り。

鉛筆が部屋を自由に移動できるエントロピー　$\log_{10} 10^2 = 2$　……③

鉛筆が決まった場所に固定のエントロピー　$\log_{10} 1 = 0$　……④

整理整頓の本質を
計算で割り出す
——鉛筆やハサミの自由な動きを数値化してみる

　前項の続きです。「1−」にあった鉛筆の置く位置が固定されている場合は、エントロピーは0ですが、決まった位置に置くという規則を取り去り、部屋のなかを自由に動ける状態にしてしまうと、エントロピーは0から2に増大してしまいました。

　ここでさらに、「2−」にあったハサミも、自由に動けるようにした場合、エントロピーはどうなるのかを考えてみましょう。

　配置の数 W は、自由に動ける鉛筆が10×10で100通り、自由に動けるハサミも100通りあります。ですから、**鉛筆とハサミの配置の数 W はそれぞれの配置の数の掛け算で、下記のように計算できます**。

　　配置の数 W＝100×100＝10000

つまり、1万通りです。

エントロピーを配置の数Wと対数logで表す

　エントロピーは配置の数 W に、対数 log を取った値ですから、次ページの①のように計算できます。

　ところで、58ページでも述べたように**log の重要な利点として、掛け算を足し算にすることができるということがありました**。つまり、次ページの②の式が成り立ちます。

　この関係を使うと、③のように、鉛筆のエントロピー2とハサミのエントロピー2の足し算となるので合計は4です。

　自由に動ける物が増えると、エントロピーは加算的に増えることがわかります。では、7つの物すべてが自由に動けるとエントロピーはどうなるでしょうか？　次項で見てみましょう。

部屋の散らかり度合いを計算する

鉛筆の配置数は10×10の100通り、ハサミも100通り。
では、配置数の合計は？

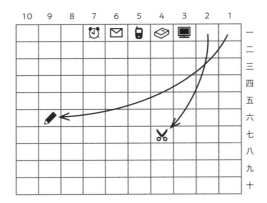

自由に動ける鉛筆、ハサミの配置の数Wに対するエントロピー

$$\log W = \log 100 \times 100 \quad \cdots\cdots①$$

ログのなかにある掛け算をlog同士の足し算にできる式

$$\log AB = \log A + \log B \quad \cdots\cdots②$$

つまり、鉛筆のエントロピーとハサミのエントロピーの合計は

$$\log 100 \times 100 = \log 100 + \log 100 = 2 + 2 = 4 \quad \cdots\cdots③$$

物が増えれば増えるほどエントロピーの合計も増える

当たり前だが、真実じゃ

部屋を片づけるための
2つのポイント
──物が自由に動けるから整理整頓できなくなる

鉛筆とはさみが10×10のマスを自由に動ける場合のエントロピーは、それぞれのエントロピーの足し算で、次のように計算できました。

鉛筆のエントロピー＋ハサミのエントロピー＝2＋2＝4

それなら、7つの物すべてが自由に動ける状態のエントロピーも、次のように足し算で計算できます。

7つの物のエントロピー＝2＋2＋2＋2＋2＋2＋2＝14

鉛筆のみが動けるエントロピー2に比べ14は、大きな数字です。両者を配置の数 W に置き換えると次のような数字となります。

鉛筆のみが動けるエントロピー2：配置の数 W＝10^2

7つの物が動けるエントロピー14：配置の数 W＝10^{14}

つまり、**100通り（10^2）が100兆通り（10^{14}）にも増加します。**部屋の物をきちんと管理することは、気が遠くなるほど難しいことなのです。

物は減らして、使ったらもとに戻す

そもそも筆者には物をもとの場所に戻すという習慣がなかったので、部屋のエントロピーは増大する一方です。そこで次の決断をしました。

①物の置き場所を厳密に決め、使い終わった瞬間にもとの場所に戻し、エントロピーを0とする。

②部屋のエントロピーは、それぞれの物のエントロピーの和なので、思いきって物を減らす。

これで、部屋は確実に片づくはずです。

一方、部屋とは逆に、エントロピーをできるだけ増やすほうがよい生活シーンがあります。それはパスワード管理です。次項で紹介します。

整理整頓が難しい理由

すべての物が自由に動けると、エントロピーはさらに増加。7つの物が10×10のマスを自由に動ける場合の配置の数Wは、10^{14}となる。

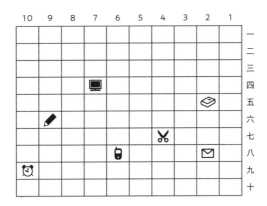

結局、100兆通りもの散らかりかたが存在することになる！

なぜ散らかるのかわかった気がします

部屋のエントロピーを管理するには

①物の置き場所を厳密に決める。使い終わった瞬間にもとの場所に戻す
②思いきって物を減らす

物が多いなかで、きちんと片づくのは、まさに奇跡じゃ

パスワードの
情報エントロピー
——単語の文字はランダムでないのでエントロピーは小さい

　筆者は、SNSのアカウントを乗っ取られたことがあります。さまざまな場面で、同じパスワードを使い回していたことが原因でしょう。

　乗っ取られたアカウントのパスワードは、数字と英小文字の8文字の組み合わせでした。よく考えてみれば、このパスワードの情報エントロピーは小さすぎたのかもしれません。

　aからzまでの英小文字26文字がランダムに使われる場合、例えば、aが現れる確率Pは1/26となります。84ページで述べた情報量の定義は、次ページの①の式ように、底を2とする1/Pの対数logで表すことができます。確率Pは1/26に対する情報量を②のように計算すると、4.7ビットです。同様にb、c、d……が現れる情報量は4.7ビットとなり、情報エントロピーは、情報量の期待値として③のように計算し、4.7ビットとなります。

記号も混ぜ込めばエントロピーが増大

　情報エントロピーの生みの親シャノンは、英単語の情報エントロピーを計算しています。英単語の平均長は4.5文字で、文字がランダムならば、1文字あたりの情報エントロピー4.7ビットに4.5を掛けて21.2ビットとなります。しかし、実際にある英単語の出現頻度から情報量を計算すると11.8ビットとなり、21.2ビットよりも約半分の値に低下します。**英単語の文字はランダムではないので情報エントロピーが小さいのです**。

　パスワードにloveやcatなど既知の英単語や、suzukiなどの固有名詞を使用すると情報エントロピーが減少するので危険です。筆者は反省も踏まえ、パスワードは、大文字小文字以外に「@」や「$」などの記号も混ぜ、また、8文字ではなくて10文字〜14文字にすることにしています。

１文字あたりの情報エントロピーは？

★シャノンの情報量の定義

事象が起こる確率を「P」とする

$$情報量 = \log_2 \frac{1}{P} \quad \cdots\cdots ①$$

★「a」〜「z」までの英小文字26文字のなかから「a」が現れる確率

$$確率 P = \frac{1}{26}$$

これを情報量の式に代入して計算

安全のためならなるべくランダムな文字列がいいんじゃ

$$「a」が現れる情報量 = \log_2 26 = 4.7 〔ビット〕 \quad \cdots\cdots ②$$

$$情報量の期待値 = \Sigma 確率 P \times \log_2 \frac{1}{P} \quad \cdots\cdots ③$$

$$= \frac{1}{26} \times 4.7 + \frac{1}{26} \times 4.7 + \cdots (26回) = 4.7 〔ビット〕$$

つまり、情報エントロピーは、

| １文字あたり | 4.7（ビット） |

| ８文字の英小文字の列なら | 4.7 × 8 ＝ 37.6（ビット） |

覚えるのが大変ですがね……

パスワードクラック（パスワードを割り出す手法）が
発達している昨今では、37.6〔ビット〕では低いといわ
れている。既存の英単語を使うとさらに脆弱になる。

索 引

参考文献・資料

■書籍

『基礎物理学 上・下巻』金原寿郎 著（裳華房）

『マンガでわかる熱力学』原田知広 著・ユニバーサルパブリシング 制作・川本梨恵 作画（オーム社）

『時間は逆戻りするのか』高水裕一 著（講談社）

『高校数学でわかるボルツマンの原理』竹内淳 著（講談社）

『シャノンの情報理論入門』高岡詠子 著（講談社）

『トコトンやさしいエントロピーの本』石原顕光 著（日刊工業新聞社）

『テクノロジストの条件』Ｐ．Ｆ．ドラッカー 著・上田惇生 訳（ダイヤモンド社）

■映画

『ＴＥＮＥＴ テネット』クリストファー・ノーラン監督（ワーナーブラザース／2020年／アメリカ）

STAFF
ブックデザイン：清水 真理子（TYPEFACE）
イラスト：めんたまんた
校正：鈴木初江
編集：風土文化社
企画・編集：松浦美帆（朝日新聞出版）

【著者】鈴木誠治（すずき　せいじ）

北海道出身。高校教師を経て予備校講師となる。現在は、河合塾で首都圏を中心に物理を教える。講師のほか、（有）オフィススズキと（有）ミライの代表取締役 CEO を務め、飲食店の経営者、不動産投資コンサルティング、ベンチャーキャピタルとしても活動。また、ブラックジャック必勝法を教えるセミナーも行なっている。著書に『センター試験 物理基礎の点数が面白いほどとれる本』（KADOKAWA）、『儲かる物理』（技術評論社）などがある。

図解　苦手を"おもしろい"に変える！
大人になってからもう一度受けたい授業

エントロピーの世界

2021 年 12 月 30 日　第 1 刷発行

著　者　　鈴木誠治

発行者　　橋田真琴

発行所　　朝日新聞出版
　　　　　〒 104-8011　東京都中央区築地 5-3-2
　　　　　電話　（03）5541-8833（編集）
　　　　　　　　（03）5540-7793（販売）

印刷所　　大日本印刷株式会社